Peter Schultz

Ansgar Brinkmann

Die Straße holt sich den Fußball zurück

adidas
BUILT FOR PURPOSE

Peter Schultz

Ansgar Brinkmann

Die Straße holt sich den Fußball zurück

VERLAG DIE WERKSTATT

Der Autor

Peter Schultz beackerte bis zu einem fiesen Kreuzbandriss die rechte Seite des TV Germania Rhoden. Seitdem redet und schreibt er nur noch über Fußball - im Radio, TV und online. Peter Schultz lebt in Köln, ist Fan von Arminia Bielefeld und der Erfinder der Kolumne des „weißen Brasilianers“.

Wir kommen gern zu euch: Lesung, Talk, Meet & Greet.
Bookinganfragen: Management@Ansgar-Brinkmann.de

Fotonachweis

Oliver Hugo/www.oliver-hugo.de: Cover, S. 2, 5, 69, 153, 119, 146 (unten), 190, U4 (oben links)
Ansgar Brinkmann: S. 19, 75, 81, 86, 90, 100, 123, 140, 169
Fariba Farahani: S. 4
Klaus Fiehe: S. 181
Imago: S. 6, 47, 135, 177
Jana Lange / janafotografiert.de: S. 156
Kevin Pamann: S. 41 (rechts)
Ben Redelings: S. 51
Fritz Rust: S. 135
Peter Schultz: S. 15, 39, 140, U4 (oben Mitte)
Dirk van der Ven: S. 146, 163
dpa/Picture-Alliance: S. 41, 83
Gerrit Starczewski: S. 184, 189

Bibliografische Information der Deutschen Nationalbibliothek:
Die Deutsche Nationalbibliothek verzeichnet diese Publikation in der Deutschen Nationalbibliografie; detaillierte bibliografische Daten sind im Internet über http://dnb.d-nb.de abrufbar.

Lotzestraße 22a, D-37083 Göttingen
www.werkstatt-verlag.de

Satz und Gestaltung: Die Werkstatt Medien-Produktion GmbH
Druck und Bindung: Grafisches Centrum Cuno GmbH & Co. KG

ISBN 978-3-7307-0450-9

Vorwort

„Ich habe überhaupt keine Ahnung von Fußball, aber ich habe den ganzen Abend gelacht." Die junge Frau aus der ersten Reihe kommt nach einer Lesung in Osnabrück auf mich zu und strahlt. Danke für das schöne Kompliment.

Über zwei Jahre ist *Wenn ich du wäre, wäre ich lieber ich* jetzt auf dem Markt, Ansgar und ich sind immer noch auf Lesetour. Und es kommen immer noch weitere Anfragen für Auftritte im Jahr 2020 rein. Unglaublich …

Erfahrene Autoren haben mir vor dem ersten Buch erklärt, dass höchstens noch drei oder vier Monate nach der Veröffentlichung mit Leseanfragen zu rechnen sei. In unserem Fall läuft das irgendwie anders – wie so vieles.

Seit über sechs Jahren treibt der „weiße Brasilianer" jetzt schon jeden Samstag im Radio sein Unwesen. Für die Serie waren ursprünglich nur ein paar Folgen geplant. Und selbst ich dachte nach einem Jahr, dass uns irgendwann der Stoff ausgehen müsse.

Falsch gedacht … Der Fußball produziert Woche für Woche skandalöse, unterhaltsame und wunderliche Steilvorlagen, die wir mit Ansgars selbsterlebtem Fußball-Wahnsinn garnieren können.

Eine Fußball-WM im Winter? Ein DFB-Präsident, der wegen einer teuren Luxusuhr zurücktreten muss? Der Videobeweis? Ablösesummen im dreistelligen Millionenbereich? Das kannste dir alles nicht ausdenken.

Der Stoff geht einfach nicht aus, Ansgars Geschichten auch nicht. Und das ist auch gut so.

Wir sehen uns auf der Straße!

Peter Schultz im Mai 2019

Klassenerhalt geschafft: Ansgar Brinkmann und Dynamo-Trainer Christoph Franke stoßen im Mai 2005 auf einen erfolgreichen Saisonabschluss an.

39 Trainer – mit allen Krieg

Abmahnungen und Suspendierungen pflastern seinen Weg. Ansgar Brinkmann ist Zeit seiner Karriere undisziplinierbar. Er macht, was er will – auf und neben dem Platz. Vielleicht ein Grund dafür, dass kein Profi in Deutschland öfter der Verein gewechselt hat – oder wechseln musste. „Ich habe oft zur Vereinsführung gesagt: Entweder der Trainer geht oder ich. Meistens musste ich dann gehen", sagt Ansgar lachend. „Ich hatte 39 Trainer und mit allen Krieg."

Ein Schnelldurchlauf ohne Anspruch auf Vollständigkeit.

1987 bis 1991 VfL Osnabrück

Die erste Profistation. Trotz einiger Angebote finanzkräftigerer Klubs entschied sich der 17-jährige Ansgar für den VfL. Der Hauptgrund: Heimweh!

Trotz Zweitligazugehörigkeit sind es unruhige Zeiten in Osnabrück. In vier Jahren erlebt Ansgar neun Trainerwechsel.

Rolf Grünther

Grünther gilt schon als Spieler als harter Hund. Ein robuster Verteidiger, der u.a. für Preußen Münster und Alemannia Aachen aufräumt. Das lässt er den jungen Ansgar sofort spüren: „Grünther war ein Killer auf dem Platz, der hat alles umgewichst, was auf ihn zukam. Und so war er auch als Trainer. Wenn einer auf dem Boden lag, konnte er sich sicher sein, dass Grünther laut wurde: ‚Steh auf, du Memme!' Ein knallharter Typ."

Grünther übernimmt den VfL Osnabrück 1991 wieder und sorgt für den ersten von vielen Vereinswechseln in der Karriere von Ansgar Brinkmann. Grünther sortiert Ansgar aus, weil er den älteren Platzhirschen „Pele" Wollitz und Ralf Heskamp im Weg steht.

Antun Rudinski

Rudinski trainiert wie Vorgänger Grünther mehrfach den VfL Osnabrück. Der Serbe hat bleibenden Eindruck auf den jungen Ansgar hinterlassen: „Rudinski war ein Wahnsinniger. Ungefähr so groß wie Gerd Müller, der hat ein Training nach jugoslawischer Schule gemacht. Viele technische Übungen. Das kam mir natürlich entgegen."

Hans-Werner Moors

Einer der wichtigsten Trainer in der Karriere von Brinkmann. Unter ihm wird der junge Ansgar Stammspieler in der zweiten Liga. „Hans-Werner Moors hat mich gefördert wie kein anderer Trainer“, sagt Ansgar. Moors und Ansgar sollten sich noch häufiger über den Weg laufen. Der Coach fördert Ansgar in Osnabrück und später in Münster und Gütersloh, trotz aller Kapriolen. „Moors hatte einfach Bock auf meine Art, Fußball zu spielen.“

Rolf Schafstall

Spitzname: „Der Feldmarschall“. Trainer der alten Schule. Respekt und Disziplin stehen im Vordergrund. „Der Mann hat mich schon früh durchschaut“, gibt Ansgar rückblickend zu. Vor Heimspielen kontrolliert Rolf Schafstall Ansgars Nachtruhe per Telefon, leider selten erfolgreich: „Ich bin immer erst nach Schafstalls Anruf auf die Piste gegangen.“ Den Spitznamen „weißer Brasilianer“ verdankt Ansgar Rolf Schafstall, der in einem Interview sagte: „Ansgar spielt nicht typisch deutsch, der spielt wie ein weißer Brasilianer.“

Roland Koch

Wichtig für Ansgars sportliche Entwicklung. Roland Koch ist lange Jahre Assistent von Christoph Daum und fördert Ansgars Eins-gegen-eins-Talent.

1991 bis 1993 Preußen Münster

Erster Wechsel, erstes No-Go. Ansgar verlässt Osnabrück in Richtung des ungeliebten Nachbarn.

Gerd Roggensack

Das Gegenteil von Feldmarschall Rolf Schafstall. In der Vorbereitung wird auch schon mal Bier gereicht. Am Ende steht der erste Abstieg in Ansgars Profikarriere. Es geht in die Oberliga.

Siegfried Melzig

Melzig übernimmt noch in der Abstiegssaison. Die Rettung misslingt, wie so einiges. Als der Trainer seinen Spielern im Training einen Pressschlag zeigen will, verletzt er sich dabei selbst schwer am Knie. Ansgar: „Einstieg gelungen, Respekt weg!“

Hans-Werner Moors

Zum zweiten Mal trifft Ansgar auf seinen Mentor. Der Trainer überredet ihn, bei Münster in der Oberliga zu bleiben, obwohl höherklassige Klubs Interesse zeigen. Ansgar schießt in zwei Jahren 38 Tore, Preußen scheitert jedoch zweimal in der Aufstiegsrunde zur zweiten Liga. Ansgar kehrt trotzdem in die zweite Liga zurück, durch einen Wechsel zu Mainz 05.

1993 bis 1995 Mainz 05

Ansgar unterschreibt einen Vertrag im BMW-Autohaus des damaligen Mainz-05-Managers Christian Heidel. Er geht fest davon aus, einen bayerischen Dienstwagen zu bekommen und staunt nicht schlecht, dass er im Anschluss Nissan fahren muss. Mainz hat in dieser Zeit einen Vertrag mit den Japanern, Heidel ist hauptberuflich BMW-Autohauschef.

Josip Kuze

Ein besonderer Trainer für Ansgar: „Der war uns einfach voraus, besonders taktisch. Er hätte die Bayern oder Real Madrid trainieren müssen, dann hätte alles geklappt, was er mit uns vorhatte." Kuze hat leider neben Fußball noch eine zweite Passion – das Spielcasino.

Hermann Hummels

Der Vater von Mats Hummels. Ein junger, dynamischer, beliebter Trainer, der auch schon mal seine Söhne mit zum Training bringt. Ansgar nach der ersten „Einheit" mit dem kleinen Mats zu einem Mitspieler: „Manche können Klavier spielen, andere müssen es tragen." Etwa 20 Jahre später wird Mats Hummels Weltmeister.

Horst Franz

Franz soll Mainz 05 vor dem Abstieg retten. Seine erste Ansprache vor der Mannschaft ist Ansgar immer noch in Erinnerung: „Jungs, seht ihr den Ferrari da vor der Tür? Wenn das hier schiefgeht, steige ich in meinen Ferrari und fahre nach Hause. Aber was macht ihr?" Mainz hält die Klasse, Ansgar wechselt trotzdem den Verein.

Juli 1995 bis Dezember 1995 Preußen Münster
Zweites, wenn auch kurzes Intermezzo in Münster. Innerhalb eines halben Jahres erlebt Ansgar drei Trainer.

Fritz Bischoff
Bischoff trainiert Münster für insgesamt 18 Spiele. Danach endet die Trainerkarriere. Ansgar macht unter ihm, „was ich wollte".

Alfons Weusthoff
Weusthoff und Ansgar verbindet eine Dauerfehde. Bei einer Taxifahrt in Münster soll sich der Trainer beim Taxifahrer lautstark über Ansgar beschwert haben. Der Taxifahrer reagiert: Auf halber Strecke fliegt Weusthoff aus dem Taxi. Ansgar: „Der Taxifahrer hat zu Trainer Weusthoff gesagt: ‚Sie haben Ansgar Brinkmann beschimpft, das geht in dieser Stadt nicht.' Das soll genau so passiert sein."

Bernd Kipp
Bernd Kipp versucht vergeblich, Ansgar zu disziplinieren. Eine „Mission impossible", die Ansgar dazu veranlasst, Trainer Kipp öffentlich als „Bratwurst" zu bezeichnen.

1. Januar 1996 bis 30. Juni 1996 und
1. Januar 1997 bis 30. Juni 1997 FC Gütersloh
Ein weiteres Mal sorgt Hans-Werner Moors für einen Wechsel. Er lotst Ansgar zum aufstrebenden FC Gütersloh.

Hannes Linßen
Linßen ist nicht nur in Köln, sondern auch in Gütersloh eine Trainerlegende. Nach anfänglichen Schwierigkeiten hat er seine bunte Truppe im Griff. Unter schwierigen Bedingungen hält Linßen den FC Gütersloh in der zweiten Liga, kratzt sogar am Tor zur ersten. Linßen verzeiht Ansgar selbst heftigste Eskapaden. Als Ansgar in Gütersloh nachts über sieben Taxis läuft und 80 Meter Straße in Schutt und Asche legt, bleibt Linßen gelassen und setzt Ansgar nicht vor die Tür. Bis heute verbindet beide eine Freundschaft.

1. Juli 1996 bis 31. Dezember 1996 SC Verl

Dieter Brei

Aus finanziellen Gründen verlässt Ansgar zwischenzeitlich den FC Gütersloh. Beim SV Verl spielt er aufgrund einer Dauerfehde mit Trainer Brei nur selten. Trotzdem führt Verl ihn bis heute in seiner Hall of Fame. Dieter Brei ist ein Disziplinfanatiker, ein harter Hund. Im Trainingslager eskaliert die Situation. Kurz nach Zapfenstreich betritt Brei die Hotelbar, in der einige Spieler Bier trinken. Die Spieler hechten hinter die Theke, um nicht vom Trainer gesehen zu werden, bis auf einen. Ansgar bestellt seelenruhig ein weiteres Bier und noch eins für Trainer Brei. Der Trainer flippt aus, Ansgar auch. Manager Manfred Niehaus muss die beiden Streithähne trennen.

1. Juli 1997 bis 31. Dezember 1997 BV Cloppenburg

Wolfgang Steinbach

Steinbach wurde von Fans des 1. FC Magdeburg zum „Besten FCM-Spieler aller Zeiten" gewählt. Er war dreimal DDR-Meister, gewann den Europapokal der Pokalsieger. Als Trainer sind seine Erfolge eher überschaubar. In Cloppenburg suspendiert er auf Geheiß des mächtigen Hauptsponsors seinen Kapitän Ansgar. Ansgar hatte im Rahmen der Weihnachtsfeier öffentlich gesagt: „Ob bei uns der Trainer oder der Busfahrer auf der Bank sitzt, ist ein und dasselbe." Ansgar muss in der zweiten Mannschaft des BV Cloppenburg antreten. Die spielt „eine Liga über der Thekenmannschaft".

1. Januar 1998 bis 30. Juni 1999 Eintracht Frankfurt

Horst Ehrmantraut

Ehrmanntraut rettet Ansgars Profikarriere. Er holt den 27-Jährigen in der Winterpause aus der zweiten Mannschaft des BV Cloppenburg zur Eintracht. Unter Ehrmantraut steigt Ansgar in die Bundesliga auf. Der Trainer gilt als esoterisch angehaucht und kauzig. Er entlässt zum Beispiel den Fahrer des Frankfurter Mannschaftsbusses, weil auf der Fahrt vom Teamhotel zum Stadion zu viele Ampeln auf Rot stehen.

Reinhold Fanz

Der verbal stärkste Trainer in Ansgars Karriere. Trainingstage unter Fanz dauern schon mal zwölf Stunden oder länger, weil der Trainer wirklich alles bis ins kleinste Detail erklärt: „Irgendwann hab ich zu Fanz gesagt: Trainer – fehlt nur noch, dass Sie mir erklären, wie ich mir die Schuhe zubinden soll." Fanz bleibt nur für neun Spiele bei der Eintracht, in denen er sechs Punkte holt.

Jörg Berger

Berger rettet die Eintracht im legendären Saisonfinale 1999 vor dem Abstieg. Das entscheidende Spiel gewinnt Frankfurt mit 5:1 gegen den 1. FC Kaiserslautern und bleibt nur Dank der höheren Anzahl erzielter Tore vor den punktgleichen Nürnbergern. „Jörg Berger war ein Klassetyp", erinnert sich Ansgar, „er hat die Mannschaft zusammengeschweißt und für gute Laune gesorgt." 2009 trainiert Berger Ansgars Allstar-Team bei seinem Abschiedsspiel auf der Bielefelder Alm.

1. Juli 1999 bis 30. Juni 2000 Tennis Borussia Berlin

Winfried Schäfer

Schäfer holt Ansgar zur bis dahin teuersten Zweitligamannschaft. Es passieren merkwürdige Dinge in Berlin. Ansgar wechselt sich selbst ein, nicht zuletzt, um die horrende Auflaufprämie zu kassieren. Schäfer stellt in Mannschaftsbesprechungen Spieler auf, die gar nicht bei TeBe unter Vertrag sind. Ansgar damals: „Winnie kann nicht mal einen Kiosk leiten." Das Abenteuer Berlin endet im Chaos.

1. Juli 2000 bis 30. Juni 2001 VfL Osnabrück

Michael Lorkowski

Lorkowski holt Ansgar zum Zweitliga-Aufsteiger. Die Realität heißt schnell Abstiegskampf, wie so oft in Ansgars Karriere. Trainer Lorkowski, 1992 sensationell Pokalsieger mit dem damaligen Zweitligisten Hannover 96 geworden, überrascht schon mal mit seltsamen Aufstellungen: Ansgar spielt gelegentlich Libero – oder wie er selbst sagt: „den offensivsten Libero aller Zeiten". Lorkowski wird nach nicht mal drei Monaten gefeuert.

Lothar Gans

Gans übernimmt als Interimstrainer. Ansgar fängt sich eine Gelbsucht ein, spielt aber nach kurzem Klinikaufenthalt wieder unter Gans, obwohl er sechs Monate pausieren sollte.

Jürgen Gelsdorf

Auch Jürgen Gelsdorf kann den Abstieg des VfL nicht verhindern, obwohl er in der Rückrunde 29 Punkte holt. Ansgar: „Ein absoluter Profi."

1. Juli 2001 bis 30. Juni 2003 Arminia Bielefeld

Benno Möhlmann

Nächster No-Go-Wechsel. Ansgar geht zum ungeliebten Nachbarn nach Bielefeld. Trainer Benno Möhlmann und Geschäftsführer Heribert Bruchhagen wissen genau, wen sie sich ins Haus holen. Zwei Jahre bleibt Ansgar in Bielefeld, steigt unter Möhlmann zum zweiten Mal in die Bundesliga auf, allerdings auch direkt wieder ab. Möhlmann lässt Ansgar an der langen Leine, verhängt aber auch die höchste Geldstrafe, die er jemals einem Spieler aufbrummte: 10.000 Euro.

1. Juli 2003 bis 31. Dezember 2004 LR Ahlen

Stefan Kuntz

Ansgar macht wegen einer hartnäckigen Fußverletzung nur wenige Spiele für Ahlen. „Ich habe mehrere Wochen Voltaren-Partys gefeiert", erinnert sich Ansgar. Trainer Kuntz sei in dieser Zeit menschlich ein „Top-Typ" gewesen.

1. Januar 2004 bis 30. Juni 2004 FC Kärnten (Leihe)

Peter Pacult

Trotz lädiertem Fuß wechselt Ansgar auf Leihbasis zum FC Kärnten nach Österreich. Obwohl Ansgar nach einer Fuß-OP noch regenerieren müsste, verlangt Trainer Pacult, dass er mit dem Lauftraining beginnt. Ansgar macht kein einziges Spiel in Kärnten, und der Verein steigt ab. Ansgar fällt letztlich für 13 Monate aus.

1. Januar 2005 bis 31. Dezember 2005 Dynamo Dresden

Christoph Franke

Dynamo Dresden holt den immer noch nicht schmerzfreien Ansgar als Tabellenletzter der zweiten Liga – mal wieder Abstiegskampf. Ansgar klettert mit Dynamo von Platz 18 auf Platz acht. Einen großen Anteil am Erfolg hat Trainer Franke. In der Folgesaison feuert Dresden den Trainer. Nachfolger: Peter Pacult. Der hat sein erstes Aufeinandertreffen mit Ansgar in Kärnten nicht vergessen. Ansgar auch nicht. Er löst seinen Vertrag in Dresden auf.

1. Januar 2006 bis 30. Juli 2007 Preußen Münster

Hans-Werner Moors

Der Kreis schließt sich. Ansgars Förderer Hans-Werner Moors holt Ansgar nach Münster zurück: „Dieser Trainer wollte mich permanent haben. Mit ihm bin ich einfach klargekommen. Blindes Verständnis." Ansgar kann den Abstieg Münsters in die Oberliga nicht verhindern, bleibt dem Verein aber treu.

Georg Kreß

Kreß soll um Ansgar herum ein neues Team aufbauen. Vor einem Trainingslager in Spanien sitzt Kreß schon im Flugzeug. Kurz vor dem Start fällt ihm ein, dass er eigentlich unter Flugangst leidet. Kreß steigt kurzerhand aus und muss von einem Fahrer nach Spanien gefahren werden. „Das war die größte Lachnummer, die ich je von einem Trainer erlebt habe." Kreß verpasst weite Teile des Trainingslagers.

Am Ende der Saison steigt Preußen Münster nicht auf – und Ansgar Brinkmann beendet nach 20 Jahren Profifußball seine Karriere.

FUSSBALL-MAFIA

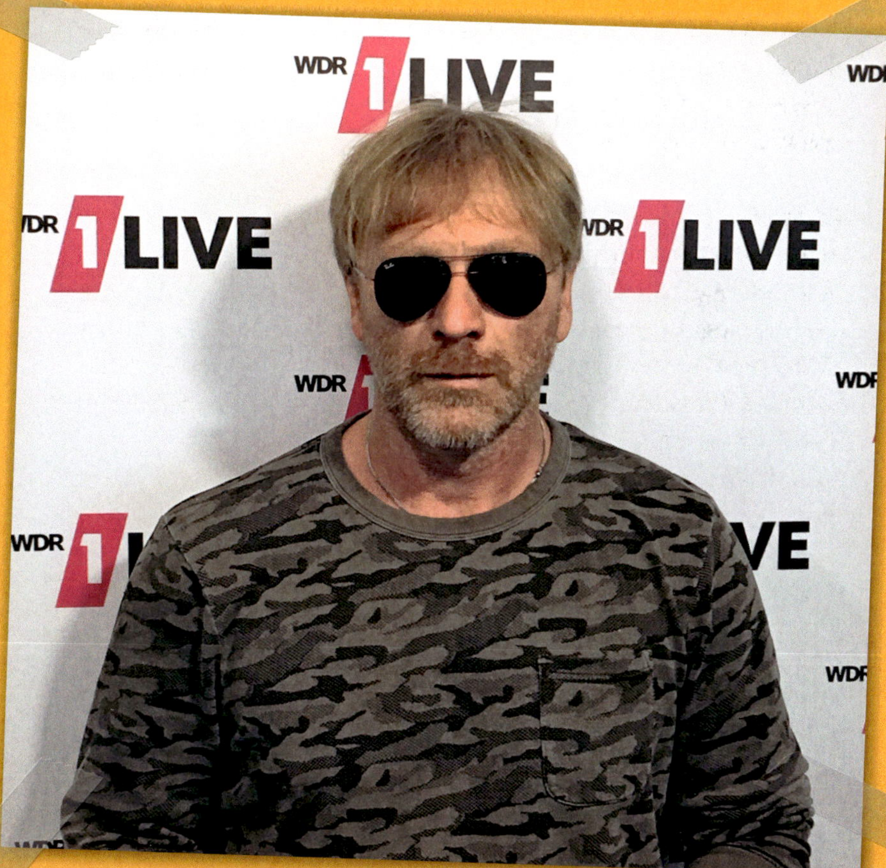

F.U.C.K.

#FCDallas **#Eminem** **#TSGHoffenheim**

Der FC Dallas in der Major League Soccer in den USA hat 20 Zuschauer suspendiert, weil sie das Wort „Fuck" benutzt haben. Die Zuschauer haben ein 30-tägiges Stadionverbot bekommen. Was ist nur los im Land der unbegrenzten Möglichkeiten?

Man stelle sich nur vor, fluchen wäre bei uns im Stadion verboten. Dann müsste man am kommenden Samstag vermutlich 80.000 Zuschauer aus dem Westfalenstadion werfen. Und nicht nur die Zuschauer: Trainer, Spieler, den Platzwart, sogar Sponsoren fliegen raus. Das Wort „Fuck" benutzen die Amerikaner ungefähr so häufig wie wir das Wort „Scheiße", wenn es nicht gut läuft. Schimpfen und Fluchen gehört zum Fußball wie Bier und Bratwurst. Was haben die Amerikaner daran nicht verstanden?

Jemand wie Eminem muss da ja richtig Angst bekommen. Wenn diese Einstellung auf die ganze USA übergreift, dann drohen ihm vermutlich 50 Jahre Knast, so oft, wie er auf seinen letzten fünf Alben „Fuck" gesagt hat.

Was ist los in den USA? Da findet gerade eine Wahlschlacht statt, die an verbale Körperverletzung grenzt. Und im Stadion sagt mal einer „Fuck" und bekommt dafür Stadionverbot.

Versteht mich bitte nicht falsch. Beleidigungen, wie sie Dietmar Hopp, der Boss der TSG Hoffenheim, über sich ergehen lassen muss, das geht wirklich zu weit.

Aber wenn ich im Stadion nicht mehr „Fuck", „Scheiße", „Leck mich am Arsch" oder „Der hat schon Gelb" rufen darf, dann muss ich mir 'ne andere Sportart suchen. Ich bin Fußballfan, ich zahle Eintritt. Und für mich ist im Eintrittspreis inbegriffen, dass ich den Gegner beschimpfen darf, notfalls auch meine eigene Mannschaft, und dass ich den Trainerrauswurf fordern darf. Das gehört zum Fußball dazu.

Und dem FC Dallas sei einfach mal gesagt: „FUCK!"

PFIFFE FÜR HELENE

#HeleneFischer **#DFB** **#Pokalfinale**

Helene Fischer ist bei ihrer Halbzeitshow im Pokalfinale gnadenlos ausgepfiffen worden, und zwar nicht nur von den Dortmundern, sondern auch von den Frankfurter Fans.

Meine Helene! Ja, ich gebe zu, ich bin in einer Helene-Fischer-WhatsApp-Gruppe, und ich war auch schon auf einem ihrer Konzerte.

Nach ihrem Auftritt hatte ich die Gelegenheit, mit ihr zu sprechen. Da habe ich festgestellt, dass Helene und ihr Management glaubten, dass die Fans pfeifen, weil Helene vor Jahren mal einen BVB-Schal getragen hat. Da hab ich dem Management mal kurz erklärt, dass die Pfiffe nicht Helene persönlich galten, sondern dem DFB! Die Fans wollen keinen Klamauk und keine Show beim Pokalfinale. Richtige Fans wollen so was nicht sehen, selbst wenn der Star auf der Bühne Helene Fischer ist. Da hätten auch Metallica, Rammstein oder Michael Jackson stehen können. Die Pfiffe wären auch dann gekommen.

Man hätte Helene warnen müssen, dass Halbzeitshows beim DFB-Pokalfinale bei den Fans ungefähr so beliebt sind wie Durchfall. Das ist offenbar nicht geschehen. Man hätte ihr sagen müssen: Pass mal auf, wenn du da auftrittst, dann gibt's aufs Maul, da gibt es ein Pfeifkonzert.

Der DFB hat Helene nicht vorgewarnt. Man kann also behaupten, DFB-Chef Grindel hat Helene vorsätzlich vor die Wand fahren lassen.

Juni
03
2017

Ansgar und Helene Fischer

Der DFB glaubt ja auch, dass er kein Imageproblem bei den Fans hat. Ich habe beim Pokalfinale was ganz anderes festgestellt. Ich saß mitten auf der Haupttribüne, aus dem Frankfurter und aus dem Dortmunder Block kamen Wechselgesänge: „Scheiß DFB". Da waren sich die Fans aus beiden Lagern einig.

Was will der DFB mit so einer Show in der Halbzeit erreichen? Eine Kopie vom Super Bowl, in Berlin? Vielleicht demnächst sogar mit einem Raketenstart zum Mond in der Halbzeit?

Wir sind da definitiv auf dem falschen Weg.

Irgendwann holt sich die Straße den Fußball zurück. Und irgendwann ist manchmal gar nicht so weit weg. Im Stadion sind die Fans für die Stimmung und die gute Atmosphäre zuständig. Pfeift doch das Pokalfinale noch einmal an, ohne die Fans von Eintracht Frankfurt und ohne die Fans von Borussia Dortmund. Vielleicht merkt ihr dann, wer den Fußball groß gemacht hat.

FANDIALOG

#DFB **#ReinhardGrindel** **#BorisPistorius**

Heute startet die Bundesliga in die neue Saison. Für die größte Überraschung im Vorfeld haben nicht die Vereine gesorgt, nicht die Transfers, sondern DFB-Präsident Grindel. Offensichtlich hat er sein Langzeit-Vorhaben, Fußball komplett ohne Fans spielen zu lassen, erst mal auf Eis gelegt. Grindel möchte jetzt umdenken, wie alle zu einem positiven Stadionerlebnis kommen können, und will deshalb in einen Dialog mit allen Fangruppierungen, sogar mit den Ultras, treten.

Was ist denn da plötzlich im Gehirn von Reinhard Grindel passiert? Hat da der Blitz eingeschlagen? Vielleicht hat er aber auch einfach festgestellt, dass nur Geld einsammeln nicht zum Jobprofil des Chefs des größten Sportverbands der Welt passt. Vielleicht hat er auch einfach nur die Schnauze voll davon, dass sein Verband inzwischen fast flächendeckend in der Bundesliga mit „Scheiß DFB"- Sprechchören beschimpft wird.

Boris Pistorius, der Innenminister von Niedersachsen, setzt sogar noch einen drauf. Er hat gesagt, wenn die Fans unbedingt Pyro im Stadion brauchen, dann sollen sie es bekommen.

Was ist denn da los? Wird beim nächsten DFB-Pokalfinale in der Halbzeit Helene Fischer auftreten, und während sie singt, rennt Reinhard Grindel mit zwei Bengalos in der Hand kreuz und quer über den Platz? Das hätte doch mal was. Dann kann sich der DFB sicher sein, dass die Fans singen: „Der DFB, der DFB, der DFB ist wieder da!"

Lieber Herr Grindel, endlich haben Sie die Zeichen der Zeit erkannt. Der DFB ist in einer tiefen Krise. Die deutsche Nationalmannschaft muss schon in kleinere Stadien umziehen, weil die großen bei Länderspielen nicht mehr ausverkauft sind. Wenn DFB und DFL die Bundesliga weiterhin top vermarkten wollen, dann läuft das nur mit einer funktionierenden Fankultur. Noch haben wir die.

Unsere Fankultur ist weltweit einmalig. Bitte vergessen Sie niemals: Es sind die Fans, die Straße, die den Fußball groß gemacht haben.

Die kurzfristige Dialogbereitschaft des DFB-Präsidenten wird vermutlich nur als Episode in die Annalen des deutschen Fußballs eingehen. Schon kurz nach den ersten Treffen zwischen DFB-Spitze und Fans kündigten die ersten Fanorganisationen den Dialog mit dem DFB aufgrund zu großer Differenzen wieder auf. Anfang April ist dann auch Reinhard Grindel Geschichte beim DFB.

ÖZIL UND GÜNDOGAN

#MesutÖzil #IlkayGündogan #Erdogan #WM

Die Fußball-Weltmeisterschaft beginnt bald, und was haben wir in Deutschland für Probleme? Wir pfeifen unsere Nationalspieler Gündogan und Özil aus. Die beiden werden gerade in Deutschland gekreuzigt, und im wahrsten Sinne des Wortes ist das für die wirklich schon mal die Höchststrafe. Und alles nur wegen eines Fotos mit dem türkischen Präsidenten Erdogan.

Für alle Moralapostel, und das sind nicht wenige da draußen, habe ich hier mal eine kleine Botschaft: Man muss ja nicht gutheißen, dass sich Gündogan und Özil mit diesem Präsidenten – oder besser Diktator – getroffen haben. Da kann ich die Kritik nachvollziehen, aber jetzt ist es auch mal irgendwie gut. Es reicht. Trotzdem muss man Gündogan und Özil was mit auf den Weg geben. Ihr habt als Prominente und Nationalspieler eine besondere Verantwortung.

Ein kleines Beispiel:

Vor Kurzem war ich in Frankfurt eingeladen, um eine Straßenbahn einzuweihen. Der Oberbürgermeister von Frankfurt, Peter Feldmann, war auch dabei. Den habe ich zwar nicht erkannt, als er mir die Hand gegeben hat. Aber er hat mir dabei nicht in die Augen gesehen.

Dann habe ich zu ihm gesagt: „Hey, was ist los mit dir? Da, wo ich herkomme, da guckt man sich in die Augen beim Handschlag!" Die Schlagzeile am nächsten Tag: „Ansgar Brinkmann rüffelt Feldmann." Und womit? Mit Recht!

Jungs, was ich euch mit auf den Weg geben möchte: Denkt dran, ihr seid Nationalspieler, ihr spielt für Deutschland. Alles, was ihr da draußen sagt, macht und tut, hat einen Multiplikator mal tausend. Bei mir gerade mal mit zehn, bei euch mit tausend. Da drehen dann alle durch, wenn ihr einen Fehler macht.

Wie bei Länderspielen, wenn Mesut Özil mal wieder die Nationalhymne nicht mitsingt. Da regen sich ja auch bestimmte Leute immer wieder drüber auf. Euch allen sei gesagt: Guckt euch doch mal bitte das Finale der WM 1974 an. Beckenbauer, Breitner, Vogts, die ganzen Stars, eure Helden – da hat nicht ein einziger mitgesungen.

Ich habe wirklich Tag und Nacht alles gegeben, um nur ein einziges Mal eine WM spielen zu dürfen. Hat nicht sein sollen. Ich habe kurz drüber nachgedacht, was passiert wäre, wenn ein Typ wie Erdogan mir angeboten hätte, für die Türkei zu spielen.

Ich muss euch ganz ehrlich sagen: Ich hätte sogar für Nordkorea gespielt, wenn Kim Jong-un mich angerufen hätte!

VON MEXIKO LERNEN

#WM **#BennoMöhlmann** **#ArminiaBielefeld**

Zum WM-Auftakt spielt die deutsche Mannschaft gegen Mexiko. Das ist 'ne echt gute Mannschaft. Da heißt es für Jogis Jungs: aufpassen! Die Mexikaner haben sich optimal auf diese WM vorbereitet. Stürmerstar Chicharito hatte Geburtstag und hat die ganze Mannschaft eingeladen. Dazu noch etwa 25 Escortdamen. Die Party soll 24 Stunden gedauert haben. Das nenne ich mal perfekte Vorbereitung auf das Spiel gegen den aktuellen Weltmeister. 24 Stunden mit 25 Hostessen – ich bin mir sicher, das hat viel Kraft gekostet!

Ich kann mich an ein Trainingslager bei Arminia Bielefeld erinnern. Ich hatte auch Geburtstag und habe mir eine Frau auf mein Zimmer eingeladen. Trainer Benno Möhlmann fand das überhaupt nicht gut, nicht nur aus Gründen der Trainingssteuerung. Er hat mir ausrichten lassen, ich möge doch bitte die weibliche Begleitung aus dem Hotel entfernen, weil Arminia Bielefeld die teuren Zimmer nur für uns Fußballer gebucht hat und nicht für Begleitpersonen.

Ich habe darauf nicht reagiert. Benno Möhlmann hat dann zu meinem Kapitän Detlev Dammeier gesagt: „Detlev, geh mal zu Ansgar, der hat Frauenbesuch, das geht nicht. Die Frau muss das Hotel sofort verlassen." Da hat Detlev Dammeier geantwortet: „Herr Möhlmann, Sie sind doch der Trainer. Da gehen Sie mal schön selbst hin."

Benno Möhlmann: „Auf keinen Fall, da gehe ich nicht rein, ich lass mir doch nicht aufs Maul hauen."

Im Nachhinein kann ich allerdings froh sein, dass Möhlmann mich nicht aus dem Trainingslager geworfen hat. Die Mexikaner sind da ein bisschen cleverer. Chicharito hat vermutlich deshalb die ganze Mannschaft zur Escort-Party eingeladen, weil der Nationaltrainer ja nicht alle nach Hause schicken kann! Also aufgepasst, Jogi: Die Mexikaner sind taktisch richtige Füchse. Hut ab!

„Trainer, das ist Benzin fürs Spiel"

von Benno Möhlmann

Ich bin relativ spät in Ansgars sportliches Leben getreten, da hatte er schon einige Dinge hinter sich. Ich glaube, dass ich von all seinen Trainern den vernünftigsten Ansgar erlebt habe. Heribert Bruchhagen und ich haben ihn damals aus Osnabrück zur Arminia gelotst, wir wussten natürlich, wen wir uns da ins Team holen. Ich will nicht sagen, dass ich Ansgar im Griff hatte, aber immerhin war unser Verhältnis fast normal.

Wenn man sportlich aus Ansgar das Optimale rausholen wollte, dann brauchte Ansgar Selbstbewusstsein, dann brauchte er seine Freiheiten. Ansgar musste das Gefühl haben, dass er auch mal über die Stränge schlagen kann. Das war mir von Anfang an bewusst, und deswegen habe ich ihn auch immer etwas anders angepackt als andere Spieler.

Wenn Ansgar mal wieder was ausgefressen hatte, wurde das in der Mannschaft angesprochen. Die gemeinsame Linie war, dass Ansgar uns sportlich weiterhin helfen konnte und dass wir ihm seine Freiheiten nicht zu sehr beschränkten. Ansgar hat das auch nie ausgenutzt. Er hat diese Momente sicherlich hin und wieder gebraucht. Insgesamt hat er sich im Aufstiegsjahr allerdings sehr vernünftig verhalten – für seine Verhältnisse.

Wir hatten natürlich auch mal Ärger, zum Beispiel in der Vorbereitungszeit bei einem Testspiel irgendwo auf dem Land. Ansgar hatte an diesem Tag Geburtstag. Aufgrund einer Verletzung konnte er nicht spielen, ist aber mit der Mannschaft zum Spiel gefahren. Neben dem Platz war ein kleines Dorffest, mit Zelt und Bierbuden. Noch während des Spiels hat Ansgar angefangen, seinen Geburtstag zu feiern. Ansgar blieb auch nach dem Spiel auf dem Dorffest, zum Mannschaftsessen kam er jedenfalls nicht. Wir haben dann jemanden losgeschickt, um ihn abzuholen und direkt auf sein Zimmer zu bringen. Dort angekommen, hat Ansgar sich sofort eingeschlossen, sein Zimmerkollege kam schließlich nicht mehr rein. Irgendwann war es 23 Uhr, Bettruhe, und Ansgars Zimmergenosse stand immer noch vor verschlossener Tür. Ich habe dann den Mannschaftsrat beauftragt, die Situation innerhalb einer Viertelstunde zu klären, ansonsten sei es Ansgars letzter Tag bei Arminia. Ansgar öffnete schließlich die Tür. In dieser Situation habe ich kein Auge zugedrückt.

Als er am nächsten Tag wieder nüchtern war, bekam Ansgar die höchste Geldstrafe, die ich je ausgesprochen habe. 10.000 Euro. Nachher haben wir die Strafe in Absprache mit dem Mannschaftsrat auf 3.000 Euro reduziert, weil Ansgar immer schon knapp bei Kasse war. Die 3.000 waren hart genug, denn bei mir war es so, dass die Geldstrafen sofort bezahlt werden mussten, erst dann durfte der betroffene Spieler wieder am Training teilnehmen. Ansgar bekam einen Vorschuss vom Verein, damit er zahlen und wieder mittrainieren konnte.

Bei ihm musste ich als Trainer immer mit allem rechnen. Einmal saß er kurz vor einem Spiel in Bochum mit Currywurst-Pommes im Besprechungsraum. Das hatte ich auch noch nicht erlebt. Das ist für einen Trainer nicht einfach. Du musst ja auf so was reagieren, auch, weil der Rest der Mannschaft darauf wartet. Ansgar nahm mir den Wind aus den Segeln. Er sagte trocken: „Trainer, das ist Benzin fürs Spiel." Ich habe das so stehenlassen und geantwortet: „Das werden wir ja gleich sehen." Wie soll man darauf reagieren? Ich hatte keine Vergleichsmöglichkeiten, weil Ansgar der einzige Spieler war, der solche Dinger brachte.

Aber im Aufstiegsjahr war es für mich recht einfach, Ansgars Eskapaden locker zu begegnen. Ansgar war Leistungsträger und trug auch durch seine Einzelleistungen wesentlich zum Aufstieg bei. Böse konnte man ihm ohnehin nie lange sein.

*Benno Möhlmann (*1. August 1954 in Lohne) spielte schon früh eine Rolle in Ansgars Leben. Als kleiner Junge holt sich Ansgar ein Autogramm des damaligen Werder-Profis bei einer Autogrammstunde in Vechta. Erst Jahre später kreuzen sich die Wege der beiden bei Arminia Bielefeld. Benno Möhlmann wurde als Spieler Meister mit Werder Bremen. Er trainierte u.a. den HSV, Arminia Bielefeld, Eintracht Braunschweig, Greuther Fürth und Preußen Münster. Derzeit arbeitet er in der Fürther Nachwuchsabteilung.*

September 01 2018

DIE LÄNGSTE PK DER WELT

#JogiLöw **#DFB** **#ReinhardGrindel**

Fast noch historischer als das erste Vorrundenaus der Nationalmannschaft bei der WM in Russland war die DFB-Pressekonferenz, in der Jogi Löw die WM-Pleite analysiert hat. Es war nämlich die längste DFB-Pressekonferenz aller Zeiten, 110 Minuten hat sie gedauert.

57 Tage nachdem ich die Klatsche von Kasan gegen Südkorea live im Stadion mit ansehen musste, erklärt der Bundestrainer endlich mal, warum wir gegen Südkorea verloren haben.

Jogi Löw sagte, er habe die Situation total unterschätzt, wollte den Ballbesitzfußball auf die Spitze treiben, und das sei arrogant gewesen. Dafür hat er jetzt zwei Monate Analyse gebraucht. Respekt.

Ich hatte den Eindruck, dass Jogi nach seiner XXL-Analyse gleich hätte weitermachen können … vielleicht mit einem Plan zur Rettung des Weltklimas oder der Rettung der Dritten Welt.

Ich hatte 39 Trainer in 20 Jahren Profifußball. Alle Fehleranalysen dieser Trainer zusammen waren kürzer als die von Jogi Löw. Mein Fazit: Der Bundestrainer ist auf Bewährung draußen und DFB-Boss Reinhard Grindel ist der Einzige, der dem Kapitän der Titanic ein neues Schiff baut, nachdem er den Eisberg in Kasan gerammt hat und mit Mann und Maus untergegangen ist.

Das praktische Ergebnis der Megaanalyse ist schnell zusammengefasst: Jogi nominiert drei neue Spieler für die nächsten

Länderspiele. Fragen Sie mich bitte nicht nach den Namen, die habe ich selber noch nie gehört, und ich beschäftige mich tagtäglich mit Fußball.

Jogi hat auch versucht, Mesut Özil zu erreichen. Ohne Erfolg. Der ist einfach nicht ans Telefon gegangen, und das macht mir wirklich Sorgen. Bedeutet das, dass Jogi bei den Spielern gar keinen Respekt genießt? Wenn niemand mehr ans Telefon geht, wenn der Bundestrainer anruft, dann wird es auch schwer, irgendjemand Neues zu berufen. Also Jungs, guckt doch bitte in den nächsten Wochen mal auf euer Handy, könnte der Bundestrainer sein. Ruhig mal zurückrufen, könnte wichtig sein.

Das Gute für den DFB ist, dass wir jetzt nach der WM in dieser neuen Nations League erst mal ein paar Aufbaugegner haben. Frankreich kommt, und danach haben wir noch ein Derby gegen die Holländer. Das wird bestimmt ein Selbstläufer nach dieser knallharten Fehleranalyse des Bundestrainers.

Ein Selbstläufer wurde die Nations League in der Tat nicht. Mit nur phasenweise guten Leistungen musste die DFB-Elf als Gruppenletzter aus der A-Liga absteigen.

September
29
2018

GEMEINSAM GEGEN DEN MODERNEN FUSSBALL

#DFB **#ReinhardGrindel** **#ChristophKramer**

In den Farben getrennt, in der Sache vereint: Die Fans der ersten, zweiten und dritten Liga protestieren gemeinsam gegen den DFB und gegen die DFL.

In Gladbach haben sie mit Trillerpfeifen so laut gepfiffen, dass Fußball keinen Spaß mehr gemacht hat. Verständnis gibt es von allen Seiten. Weltmeister Christoph Kramer hat gesagt, dass er auch keinen Bock hat auf die vielen unterschiedlichen Anstoßzeiten und auf die vielen unterschiedlichen TV-Abos, die man abschließen muss, um alle Spiele sehen zu können.

Ich finde es bemerkenswert, dass die Fans aller Vereine der drei deutschen Profiligen gemeinsam protestieren. Nur eine Fangruppe hat es nicht verstanden. Wer könnte das sein? Natürlich: Red Bull, also Rasenballsport Leipzig. Die haben bei diesem Protest einfach mal nicht mitgemacht. Komisch.

Der Protest der Fans ist völlig berechtigt. Die ersten Alarmsignale sind nämlich schon da. Letzte Woche war das Stadion von Borussia Dortmund nicht ausverkauft. Borussia Dortmund, das muss man sich vorstellen: nicht ausverkauft. Das Mainzer Stadion war auch leer wie nie. Wenn das keine Warnsignale sind, lieber DFB, liebe DFL, dann weiß ich es auch nicht.

DFB-Boss Reinhard Grindel sollte die Fans langsam mal ernst nehmen. Aber leider hat Grindel mit Fußball nur wenig zu tun. Der Mann kommt aus der Politik.

Die Fans sind das Fundament des Fußballs, die Kurven, die die Stimmung machen, die den Fußball lebendig halten. Und wenn man das Fundament nicht ernst nimmt, Herr Grindel und Co., dann spielt die Bundesliga irgendwann vor leeren Rängen.

Dann sind nur noch Bonzenkinder und die Sponsoren im Stadion. Ich weiß nicht, ob das dann wirklich noch der Fußball ist, den wir sehen und hören wollen. Die Fans haben keinen Bock mehr auf drei verschiedene Fernsehanbieter, auf Montagsspiele. Seit Jahren nehmen sie die Bundesliga auseinander. Und jetzt gibt es so langsam die Quittung dafür.

November
17
2018

GERECHTIGKEIT

#FranckRibéry **#Katar** **#BertiVogts**

Manchmal sorgen im Fußball Spieler für ihre ganz eigene Gerechtigkeit. Franck Ribéry vom FC Bayern ist so einer. Wenn ihm ein Journalist Fragen stellt, die ihm nicht passen, dann kann es schon mal passieren, dass der Franzose den Journalisten mal so richtig abwatscht. Im wahrsten Sinn des Wortes, dann gibt's auf die Fresse. Ribérys Entschuldigung:

„Ich war sehr emotional auch, ich hab auch gesagt, Entschuldigung, für ihn auch, für seine Familie."

Ja, das Leben ist halt oft nicht fair, auch nicht zu mir. Ich musste auf die Hauptschule, weil es in meiner Nähe noch keine Waldorfschule gab. Alle anderen können ihren Namen tanzen, ich nicht. Das ist doch nicht gerecht.

Am 15. eines jeden Monats ist mein Konto im roten Bereich. Das finde ich auch nicht gerecht. Irgendwas läuft doch grundsätzlich schief auf dieser Welt.

Auch der Fußball ist schon lange nicht mehr gerecht. Die FIFA haut uns eine WM in Katar um die Ohren. Warum, muss ich euch auch nicht erklären, oder? Weil Katar so wenig Geld hat.

Traditionell findet die Fußball-WM ja im Sommer statt. Jahre nach der Vergabe ist der FIFA dann auch mal aufgefallen, dass im Sommer in Katar leider 50 Grad im Schatten herrschen, und bei solchen Temperaturen kannst du vielleicht ein Kamelrennen stattfinden lassen, aber nicht das größte Fußballturnier der Welt. Alle Fußballexperten haben dann gedacht, dass die FIFA die WM neu vergibt. Nein, die FIFA hat die WM einfach in den Winter verlegt. Beim Endspiel sind in Katar dann angenehme 30 Grad, und wir haben alle einen Glühwein in der Hand. Das ist definitiv nicht gerecht. Das haben wir Fans und das hat auch der Fußball nicht verdient.

Der DFB ist auch nicht gerecht, weil er mir mindestens 60 Länderspiele schuldet. Der ehemalige Nationaltrainer Berti Vogts hat mal zu mir gesagt: „Ansgar, du hast 60 Länderspiele verschenkt." Soll ich euch sagen, was daran ungerecht ist? Ich erinnere mich, dass Berti auch mal versprochen hat: „Ansgar, beim nächsten Länderspiel bist du dabei. Aber wir haben in dieser Saison keins mehr." Danach hat er sich nicht mehr an mich erinnert. Ganz ehrlich, das ist ungerecht. Leute.

Was ist nur los in diesem Leben? Der liebe Gott hat mir so viel Talent gegeben in Sachen Fußball, aber leider zu wenig Gehirn. Aber man kann eben nicht alles haben. Es ist halt nicht gerecht.

November 24 2018

GIANNI INFANTINO

#GianniInfantino **#FIFA** **#EricCantona**

Gianni Infantino ist der Chef der FIFA, der mächtigste Mann im Weltfußball. Und jetzt will er den Fußball verkaufen: Geheimplänen zufolge will Infantino die FIFA verkaufen. Der Preis: 25 Milliarden Euro. Ja, Sie haben richtig gehört. Infantino verrät den Fußball für 25 Milliarden.

Er selbst findet das gar nicht so dramatisch. „Ist doch nur Fußball", soll er gesagt haben.

Ich finde das mehr als nur dramatisch.

Infantino wird in Fachkreisen nur noch Gollum genannt, der seinen Schatz, den Fußball, sucht.

Es soll auch schon eine Käufergruppe geben, die gerne die FIFA übernehmen will. Es sollen Geschäftsleute aus Asien, aus Saudi-Arabien, sein. Angeblich will Infantino die FIFA verkaufen, weil er glaubt, dass er als Präsident nicht wiedergewählt wird. So könnte er als Geschäftsführer an der Macht bleiben.

Das ist ungefähr so, als ob Angela Merkel die CDU verkaufen würde, weil sie befürchtet, nicht wiedergewählt zu werden. Unvorstellbar. Die CSU hat sie vermutlich schon bei eBay angeboten, aber da hat keiner 25 Milliarden geboten.

Ich habe so langsam das Gefühl, dass die Einzigen, wirklich die Einzigen, die die Werte des Fußballs noch verteidigen, die Fans sind, die Ultras. Aber die stehen inzwischen wirklich ganz allein auf weiter Flur.

Der Fußball ist mittlerweile eine Hure, und wer am meisten zahlt, bekommt sie. Haltet mich nicht für naiv. Ich weiß auch, dass im Fußball viel Geld bezahlt wird, und das soll ja auch nicht aufhören, aber wenn es nicht mehr ums Spiel, sondern nur noch um Macht, Egoismus und um Geld geht, dann habe ich wirklich Angst.

An der Spitze der FIFA haben wir einen Juristen. Können wir da nicht mal wieder jemanden aufstellen oder hinbringen, der den Fußball wirklich liebt? Wir werden doch wohl noch ein paar Fußballlegenden haben, die halbwegs bei Verstand sind und den Laden führen können. Das sollte jemand sein, der alles durchlebt hat, auf und neben dem Platz, und der den Fußball bedingungslos liebt.

Und soll ich euch mal was sagen – ich habe einen: Ein Typ wie Éric Cantona wäre genau der Richtige. Ein ehrlicher, geradliniger, kompromissloser Liebhaber des Fußballs. Dann geht es endlich wieder um Fußball – und nicht um Geld.

März
09
2018

UNEHRENHAFT ENTLASSEN

#DFB **#JogiLöw** **#MatsHummels**
#JeromeBoateng **#ThomasMüller** **#BertiVogts**

Bundestrainer Jogi Löw hat Thomas Müller, Jerome Boateng und Mats Hummels unehrenhaft aus der Nationalmannschaft entlassen. Jogi ist unangemeldet am Trainingsgelände des FC Bayern aufgetaucht, hat mit den dreien jeweils ein kurzes Einzelgespräch geführt, und damit war die Nationalmannschaftskarriere beendet. Boateng, Hummels und besonders Thomas Müller haben sich über die Art und Weise des Rauswurfs gewundert. Müller hat 100 Länderspiele unter Jogi gemacht und fand diesen Rauswurf nicht wirklich lustig. Er werde immer saurer über die Art und Weise, je länger er darüber nachdenke, hat Müller auf Instagram gesagt.

So geht man mit verdienten Spielern einfach nicht um: Einfach mal in München auftauchen, auf dem Trainingsgelände den Platzwart fragen: Ey, wo sind die drei Weltmeister? Ich muss mal kurz mit denen sprechen, die sind nämlich raus. Das ist unvorstellbar.

Hummels, Müller und Boateng sind im sportlichen Sinne deutsche Nationalhelden. Die haben es nicht verdient, dass man sie so abserviert. Und vor allem so endgültig. Was ist, wenn mal Not am Mann ist in der Nationalelf und Jogi dringend einen Innenverteidiger braucht? Bei Boateng und Hummels braucht er jetzt nicht mehr nachzufragen, ob sie mal einspringen können.

Ich war zwar nie Nationalspieler, aber Jogis Timing kommt mir irgendwie bekannt vor. Er hat lange gewartet nach der verkorksten WM 2018, und dann kommt er in der entscheidenden Phase der Saison, wenn alle Vereine und Spieler voll unter Strom stehen, völlig überraschend um die Ecke.

Genauso haben mich fast alle Frauen, mit denen ich zusammen war, abserviert. Ich kann euch sagen, das fühlt sich ziemlich scheiße an, weil du keine Chance mehr hast und nicht mehr reagieren kannst.

Dieser Abgang ist einfach unwürdig. Wenn Löw mit den Spielern gesprochen hätte und ihnen gesagt hätte, passt mal auf, ich plane einen Neuaufbau, und ihr bestimmt selbst, wann ihr von euch aus ehrenhaft zurücktretet. Das wäre der Abgang mit Respekt gewesen, den diese drei Weltmeister verdient gehabt hätten.

Ich kenne Spieler, die für weniger Leistung besser entlassen wurden. Ich habe ja für viele Vereine gespielt, bin bei jedem Verein entlassen worden, mal früher, mal später. Ich habe aber bei jeder Entlassung mehr Respekt bekommen als die drei Weltmeister. Für mich war überall mindestens eine Flasche Whisky drin.

Der frühere Nationaltrainer Berti Vogts hat mal gesagt, dass ich mindestens 60 Länderspiele verschenkt habe. Im Nachhinein kann ich froh darüber sein, dass ich nie Nationalspieler war. Da ist mir wenigstens so ein Drecksabschied erspart geblieben.

April
13
2019

DIE UHR DES PRÄSIDENTEN

#ReinhardGrindel **#DFB** **#FIFA** **#UEFA**

Reinhard Grindel ist nicht nur als DFB-Boss zurückgetreten, kurz darauf hat er auch noch seine Posten bei FIFA und UEFA zurückgegeben. Und alles wegen einer Luxusuhr, die er von einem ukrainischen Oligarchen als Geschenk bekommen hat. Grindel hat behauptet, dass er die Marke der Uhr und ihren Wert nicht gekannt habe.

Ich hätte niemals gedacht, dass es im Fußball mal einen Menschen geben würde, der mehr Fehler macht als ich – und dann kam Grindel.

Warum singen viele Fans im Block immer wieder „Scheiß-DFB"? Das kommt davon, wenn man sich nur noch den Reichen auf dieser Welt zuwendet. Grindel wusste nicht, was die Uhr wert ist? Ukrainische Oligarchen sind ja auch bekannt dafür, dass sie Billiguhren verschenken.

Wie soll einer wie Grindel nachvollziehen, welchen Aufwand viele Fans betreiben müssen, um sich ein Ticket für ein Fußballspiel leisten zu können.

In seiner Amtszeit hat es Reinhard Grindel wirklich hinbekommen, dass der DFB inzwischen eine schlechtere Außendarstellung als das Dschungelcamp hat. Das musst du erst mal schaffen.

Respekt, dass Grindel wenigstens so konsequent war und auch seine internationalen Posten aufgegeben hat. Das sind hochdotierte Posten bei UEFA und FIFA. Da kommen mal ganz schnell einige Millionen zusammen, auf die er verzichtet.

Andererseits: Wer nicht weiß, wie teuer so eine Luxusuhr ist, der ist ohnehin währungsfrei.

Wer könnte Grindels Nachfolger werden? Christoph Metzelder und Philipp Lahm werden gehandelt. Gut wäre, wenn der künftige DFB-Präsident schon einen Namen hätte und sich nicht erst durch das Amt einen Namen machen müsste. Dieses Amt ist nichts für Profilneurotiker. Es wäre gut, wenn er nicht nur wirtschaftlich denken würde, sondern den Amateur- mit dem Profifußball verbinden kann. Ich fände es cool, wenn der neue Präsident die Straße kennen würde. Er soll sich nicht von den Reichen abwenden, aber er sollte wissen, dass sich viele Fans keine Eintrittskarten für Fußballspiele mehr leisten können. Der Fußball gehört der Straße, und irgendwann wird sich die Straße den Fußball zurückholen.

Reinhard Grindel hat jetzt natürlich mehr Zeit, als ihm lieb ist. Herr Grindel, wenn Ihnen langweilig ist, sind Sie herzlich zu einer unserer Lesungen eingeladen. Uhren gibt es bei uns nicht, dafür Gästeliste und ein Platz in der ersten Reihe. Wir freuen uns auf Sie.

KOMMERZ

KUNST IST DEHNBAR

#CristianoRonaldo #ArminiaBielefeld #WDR2

Cristiano Ronaldo, Weltfußballer, hat fast alles gewonnen in seinem Fußballerleben. Als wäre das noch nicht genug, hat seine Heimatinsel Madeira ihren Flughafen nach ihm benannt. Offiziell heißt der Flughafen jetzt: *Aeroporto Internacional de Madeira Cristioano Ronaldo.*

Klingt irgendwie besser als der „Ansgar-Brinkmann-Flugplatz" in Bielefeld-Senne, den mir WDR2 widmen will. Trotzdem hätte ich auch gerne einen Flughafen: 20 Jahre Abstiegskampf, 20 Jahre keine Titel, nichts gewonnen im Leben, da würde ich mich über einen Flugplatz in Bielefeld sehr freuen.

Cristiano hat zu seinem Flughafen allerdings noch eine Statue bekommen, die ich definitiv nicht haben möchte. Dann steht er da an seinem eigenen Flughafen, guckt sich die Büste an und denkt sich: Seit wann bin ich eigentlich hässlich, dick, und seit wann hängt mein rechtes Auge auf meiner Wange? Cristiano sieht aus wie seine eigene Karikatur.

Madeira ist ja eine beliebte Urlaubsinsel, auch für Familien. Seitdem die Cristiano-Büste am Flughafen steht, dürfen Kinder unter 16 dort allerdings nicht mehr landen. Dieses Ding läuft in der Geisterbahn unter Körperverletzung. „The Walking Dead" reloaded.

Ich wohne ja nicht weit von der Uni entfernt, ich bin Single, und letzte Nacht war eine Kunststudentin bei mir zu Besuch. Ich habe ihr ein Bild der Büste von Cristiano gezeigt und sie gefragt, welchen Beruf dieser Bildhauer wohl ausübt. Da hat

sie nur gesagt: Wenn du so viele Erfolge hattest wie Cristiano, wenn du so viel Kohle hast wie er, dann ist es doch eigentlich egal, wie du aussiehst. Kunst ist dehnbar. In diesem Fall sogar sehr dehnbar.

Also, liebe Stadt Bielefeld: Den Flugplatz nehme ich gerne, aber von einer Büste möchte ich hiermit ganz offiziell Abstand nehmen. Danke!

Die Cristiano-Büste des Künstlers Emanuel Santos auf dem Flughafen von Madeira wurde Kult, besonders im Netz. Tausende Selfies zeugen davon. Aber nach gut anderthalb Jahren wurde sie heimlich, still und leise gegen eine „schönere" ausgetauscht, angeblich auf Wunsch des Ronaldo-Managements. Der Austausch fand am Tag des WM-Spiels Portugal gegen Spanien statt. Cristiano erzielte beim 3:3 alle drei Tore gegen den iberischen Nachbarn, der Austausch fiel also zunächst nicht auf. Inzwischen vermissen viele Bürger Madeiras die Original-Büste.

Der Flugplatz Bielefeld-Windelsbleiche im Stadtteil Senne trägt immer noch seinen ursprünglichen Namen.

DIE MASKE VON AUBAMEYANG

#BVB **#HansJoachimWatzke** **#ArminiaBielefeld** **#PierreEmerickAubameyang**

Pierre-Emerick Aubameyang trifft im Derby gegen Schalke 04. Direkt nach dem Treffer rennt er zur Bank und holt sich eine Maske und zieht sie sich über den Kopf zum Jubeln. Eigentlich lustig, wenn nicht auf der Maske fett der Name seines Sponsors gestanden hätte: Nike! BVB-Boss Hans-Joachim Watzke hat Redebedarf mit seinem Stürmerstar. Das könnte ein etwas schwieriges Gespräch werden, denn offizieller Ausrüster des BVB ist Puma.

Vielleicht fragt Watzke Aubameyang, was er beim nächsten Torjubel vorhat. Steht dann da vielleicht zufällig eine Dose Cola an der Eckfahne? Wo soll das enden? Werden die Spieler demnächst von ihren persönlichen Pkw-Sponsoren im Auto auf den Platz gefahren, bevor der Schiri anpfeift?

Ich erinnere mich an ganz andere Zeiten. Ich musste mal vor einem Spiel die Adidas-Streifen auf meinen Schuhen überkleben lassen, damit die im Fernsehen nicht zu erkennen waren. Da war ich extra beim Schuster, der hat da Aldi draufgeschrieben.

Ich vermisse Spieler, die mir das Gefühl geben, dass Fußball, Alkohol und Frauen an erster Stelle im Leben stehen – und nicht die Privatsponsoren. Zum Glück hat BVB-Boss Watzke dafür gesorgt, dass Aubameyang bestraft wird. Angeblich muss er 100.000 Euro bezahlen. Diese Strafe wird Auba gleich mal ans Nike-Hauptquartier weitergeleitet haben. Für 100.000 gehen die nicht mal zur Bank, das haben die in der Portokasse. Besser kann es für eine Firma doch gar nicht laufen. Alle reden über die Marke, und das für schlappe 100.000 Euro.

Aubameyang scheint inzwischen den ganzen BVB im Griff zu haben. Das kommt mir irgendwie bekannt vor. Ich habe früher auch einfach gemacht, was ich wollte, aber ich bin dafür oft auf der Tribüne gelandet.

Als ich für Arminia gespielt habe, hat Trainer Benno Möhlmann sehr häufig zu mir gesagt: Ansgar, das geht so nicht! Ich habe Abmahnung und Geldstrafen gesammelt wie andere Briefmarken. Aber am Samstag hat er mich in den Kader berufen und gesagt: „Jetzt kannst du es wieder gutmachen."

Andere Spieler haben daraufhin auch mal versucht, Blödsinn zu machen. Einige habe ich nie wiedergesehen.

SHANGHAI, SHANGHAI, WIR FAHREN NACH SHANGHAI

#DFB **#Pokalfinale**

Geld, Geld, Geld! Dreht sich im Fußball alles nur noch um Geld? Adidas schlägt vor, das DFB-Pokalfinale in Zukunft vielleicht mal in Tokio, Shanghai oder Peking austragen zu lassen. Was ist nur aus unserem Fußball geworden?

Vielleicht könnte man das Revierderby Schalke gegen Dortmund zur Abwechslung mal in Indien stattfinden lassen? Was kommt als Nächstes? Ikea sichert sich die Rechte an Wimbledon und richtet das Turnier auf dem eigenen Möbelhausparklatz aus, natürlich dann nicht mehr auf Rasen, sondern auf Beton? Lange dauert das bestimmt nicht mehr, weil sich der komplette Sport nur noch ums Geld dreht. Und wer zahlt, der bestimmt die Konditionen.

Ihr H****söhne verkauft den Fußball, wie Judas Jesus verraten hat, für 30 Silberlinge. Das ist echt gefährlich. Ich warte nur noch auf die Meldung, dass das Spiel Eintracht Frankfurt gegen den SC Freiburg in Nordkorea stattfindet, weil Kim Jong-un das Spiel für 100 Millionen Euro bei eBay vom DFB ersteigert hat. Eine Atombombe legt er noch gratis obendrauf.

Ich mache mir echt Sorten um den Fußball. Wenn es so weit kommt, dass Bundesliga- oder Pokalspiele nach Übersee verkauft werden, dann fliegen nur noch die Bonzenkinder mit dem Privatjet nach Shanghai zum DFB-Pokalfinale, weil sie es sich leisten können.

Und was machen die echten Fans? Die können ja mal versuchen, mit dem Flixbus nach Shanghai zu fahren. Das dauert vermutlich 18 Tage, der halbe Jahresurlaub ist futsch und im

Bus wird gesungen: „Shanghai, Shanghai – wir fahren nach Shanghai!"

Wenn es nach mir geht, dann findet das DFB-Pokalfinale in irgendeiner Straße im Ruhrpott statt. Keine Begrenzungen, keine Zäune, alle Zuschauer stehen drumherum und feiern die Spieler. Dann machen wir richtig Bambule. Eines Tages wird es so kommen. Dann gehört der Fußball wieder der Straße.

DER FC GÜTERSLOH IST TOT!

#FCGütersloh **#RotWeissEssen** **#VfLBochum**

Also ich hätte nie gedacht, dass mal ein Traditionsklub, für den ich gespielt habe, vor mir stirbt, und das bei meinem Lebenswandel. Das hätte ich niemals für möglich gehalten. Die Fans in Gütersloh sind geschockt. Vorgestern noch zweite Liga, jetzt die Auflösung. Über 100 Jahre Tradition verschwinden einfach. Kaum zu glauben.

Aber jetzt wisst ihr auch, warum ich in den 20 Profijahren meiner Karriere so oft den Verein gewechselt habe, insgesamt 18-mal. Stellt euch mal vor, ihr wärt Fußballprofi gewesen und hättet in eurer gesamten Karriere nur für einen einzigen Verein gespielt. Sagen wir mal ... für den FC Gütersloh. Und dann ist der auf einmal tot, erledigt, nicht mehr existent. Das reißt dir den Boden unter den Füßen weg. Das braucht wirklich kein Mensch.

Liebe Fußballfans, stellt euch doch einfach mal Folgendes vor: Rot-Weiss Essen, der VfL Bochum oder Schalke 04 – die machen einfach mal dicht. Da kommt der Hausmeister um die Ecke und sagt: „Ich mache jetzt das Licht aus, schließe ab und ihr könnt euch einen anderen Club suchen. Das war es jetzt mit Tradition."

Das ist ein bisschen wie sterben, wenn man sich das einfach nur mal vorstellt. Kann sich anstatt des FC Gütersloh nicht einfach meine Freundin auflösen? Nein, es muss ein Traditionsklub sein.

Wenn sich Red Bull Leipzig auflöst, oder die ver****** FIFA, dann gäbe es vermutlich in allen Stadien Freibier. Wenn aber

Nicht vom Ball zu trennen: Ansgar Brinkmann 1996 im Trikot vom FC Gütersloh im Spiel gegen Mainz 05.

ein Traditionsklub wie der FC Gütersloh stirbt, dann gibt es nichts mehr zu lachen.

Wenn ich bedenke, dass ich mit Gütersloh in die zweite Liga aufgestiegen bin und wir dort die Klasse gehalten haben und der Verein sogar um den Aufstieg in die Bundesliga gespielt hat, als ich dann endlich weg war. Das war dort schon 'ne Ansammlung von echten Typen. Ich habe in meiner Zeit in Gütersloh auch mal 'ne Straße in Schutt und Asche gelegt. Die Menschen in dieser Stadt haben mir das verziehen.

Mir tut das echt in der Seele weh, wenn der FC Gütersloh in den Vereinshimmel muss. Ich würde gerne sagen, wir sehen uns irgendwann wieder, aber ich fahre leider in die Hölle.

Obwohl es zwischenzeitlich echt finster für den FC Gütersloh aussah, schaffte der Verein im letzten Moment die Wende und starb nicht. Nur wenige Tage vor der drohenden Vereinsauflösung sprangen dringend benötigte Sponsoren ein. Die drohende Insolvenz konnte so abgewendet werden. Der FC Gütersloh kämpft in der Oberliga Westfalen um den Klassenerhalt.

Neulich in Gütersloh ...

von Oli Hilbring

Oli Hilbring (15. Oktober 1968 in Ludwigshafen) lebt mit Familie und einem faulem Hund in Bochum. Der bekennende Schalker ist DER Cartoonist des deutschen Fußballs. Große Nasen, fiese Bilder, flache Kalauer – Oli macht sich vor nix schäbbig. Seine Cartoons erscheinen bundesweit, u.a. im *RevierSport*. Darüber hinaus veröffentlichte er zahlreiche Bücher mit seinen großnasigen Cartoons.

Ein Hauch von nichts am Leib

Ben Redelings über seine Begegnung mit Ansgar

Ansgar ist ein Phänomen. Ich bin mir vollkommen sicher, dass Ansgar Brinkmann, der Junge aus Bakum im Landkreis Vechta, der einzige Mensch auf dieser Erde ist, der einen Streit schlichten könnte, den sich niemand auch nur vorzustellen vermag. Dennoch: Sollten sich jemals auf einer grünen Wiese Fans von Arminia Bielefeld, Preußen Münster und dem VfL Osnabrück richtig in die Haare bekommen, dann könnte nur Ansgar mit seinem sonnigen Gemüt die Lage wieder unter Kontrolle bringen. Ich stelle mir das ungefähr so vor wie damals in Gütersloh, als der Sportkamerad Brinkmann über sieben Taxidächer gestiegen ist und, als er vom letzten Dach sprang, freundlich empfangen wurde: „Ist nur der Ansgar. Alles in Ordnung!" Genauso würde Brinkmann bei dieser Massenhauerei plötzlich in der Mitte stehen, und alle rivalisierenden Anhänger würden augenblicklich innehalten und glücklich rufen: „Guckt mal, da ist er ja, der Ansgar!" Und schon würde ewiger Frieden ausgerufen werden.

Wer einmal im Leben mit Ansgar unterwegs war, weiß, wovon ich rede. Dem Mann kann eigentlich niemand böse sein. Außer, man ist selbst böse – oder Ansgar hat einen über den Durst getrunken. Aber das kommt ja Gott sei Dank nur ganz, ganz selten vor. Oder wie er es bei einem gemeinsamen Abend mal so herrlich formulierte: „Dreimal in meinem Leben war ich betrunken. Und dreimal war die *Bild* mit dabei!"

Momente mit Ansgar sind in der Regel besondere. So auch unsere Begegnung im Frühjahr 2018, als wir uns in Köln zu einer gemeinsamen Veranstaltung mit Huub Stevens bei der lit.COLOGNE trafen. Ich hatte, ehrlich gesagt, mächtig Respekt vor dem Abend mit dem ehemaligen Trainer aus den Niederlanden. Aus dem engeren Bundesligaumfeld war an mich das Wort „Psychopath" herangetragen worden. Ein Kollege hatte mich sogar für „verrückt" erklärt: „Du weißt nicht, was du da tust!" Und dann schlich ich damals zaghaften Schrittes in die Hotel-Lobby und traf auf Stevens – doch im selben Augenblick kam von hinten auch schon Ansgar ins Foyer gelaufen. Er strahlte und rief – noch fünf Meter von Stevens entfernt – zu ihm herüber: „Trainer, hätte ich dich als Coach gehabt – ich hätte 100 Länderspiele gemacht!" Das Lächeln um

Ben Redelings (Mitte) mit Huub Stevens und Ansgar.

die Augenwinkel wich den ganzen Abend nicht einen Millimeter aus Stevens' Gesicht. Es wurde eine der schönsten und entspanntesten Veranstaltungen meines Lebens. Dank Ansgar!

Ein anderes Mal war Ansgar einer meiner Stargäste beim „Saisonrückblick" in Bochum. 800 Zuschauer versammelten sich in einer Kirche und freuten sich auf einen andächtigen Abend. Und wer erschien in einer kurzen Hose, die kaum die Oberschenkel bedeckte und die vielen Gästen noch heute als ein „Hauch von nichts" in Erinnerung geblieben ist? Natürlich Ansgar. Legendär war dann auch seine Antwort auf die Frage, was denn mit seinen langen Hosen passiert sei: „DIE ist in der Wäsche!" Und dann erzählte er die Geschichte aus Mainzer Zeiten, als er morgens in die Kabine kam, sich komplett entkleidete und den Zeugwart bat, seine Sachen bis zum Trainingsende zu waschen. Danach glaubten wir Ansgar sogar, dass er tatsächlich nur eine lange Hose besitzt.

Die vielen wunderbaren gemeinsamen Abende begannen übrigens an einem trüben Tag im Dezember 2010. Diese erste Begegnung war ein Wechselbad der Gefühle, wie es typischer für Ansgar nicht sein konnte. Damals kannten wir uns nur vom Telefon – und ich hatte noch keine Ahnung, wie er wirklich tickte. Sicher war nur: Wenige Minuten NACH dem geplanten Veranstaltungsbeginn fehlte von Ansgar noch jede Spur – und erreichbar war er auch nicht. Immer wieder wählte ich seine Nummer. Besetzt. Seit über 20 Minuten war Ansgar nun schon nicht zu erreichen. Und zehn Minuten zuvor hätte die Veranstaltung eigentlich beginnen sollen. Langsam schwante mir Böses. Sollte es das erste Mal so sein, dass am Ende nicht doch noch alles gut werden würde?

Ich ging nach vorne zur Kasse, grüßte unterwegs freundlich die wartenden Besucher der Veranstaltung und probierte draußen auf dem Parkplatz aufs Neue, Ansgar an sein Handy zu bekommen. Nach 23 Minuten endlich ein Freizeichen. Ein warmes Gefühl der Erlösung ließ den Nieselregen und die Temperatur knapp über null Grad vergessen. Gedämpfte Autogeräusche. Eine klar verständliche Stimme meldete sich: „Hallo. Ich bin ein bisschen spät dran, ich weiß. Viel los auf dem Highway. Navi sagt aber, nur noch sechs Kilometer!"

„Ansgar, endlich! Und ich habe schon darüber nachgedacht, ob du der erste Gast sein wirst, der nicht kommt."

„Nein, nein. Zugesagt ist zugesagt. Ich bin noch aus einer Generation, die zu ihrem Wort steht. Ist auch nicht mehr weit, wie gesagt."

„Mann, da fällt mir echt ein Stein vom Herzen. Wir fangen schon einmal an, ja?! Bis gleich dann!"

Und dann folgte einer dieser typischen Ansgar-Sprüche: „Ja, alles klar. Bis morgen!" Alter Scherzkeks, dachte ich – und Danke! Den ersten Gag des Abends hatte er schon geliefert, obwohl er noch gar nicht da war – so etwas kann nur Ansgar.

Als sich die Veranstaltung zwei Stunden später langsam dem Ende zuneigte, sagte Ansgar schließlich noch DEN Satz des Abends. In Erinnerung an seine wilde Sauftour durch Gütersloh mit dem Ritt auf den Taxidächern meinte er: „Da hatte ich einen totalen Blackout – das weiß ich noch genau!" Ein Satz, über den man ruhig einmal etwas länger nachdenken kann. Es lohnt sich. Wie jede Begegnung mit dem weißen Brasilianer.

Ben Redelings, 1975 in Bochum geboren, ist Autor und Filmemacher. Als Kolumnist schreibt er wöchentlich für die Seiten von ntv.de. Die Deutsche Akademie für Fußballkultur nennt ihn „den ungekrönten Meister im Aufspüren kurioser Fußballgeschichten". Seine Fußballabende erfreuen sich seit vielen Jahren deutschlandweit großer Beliebtheit. Im Verlag Die Werkstatt hat er u.a. den Bestseller 55 Jahre Bundesliga. Das Jubiläumsalbum *und zuletzt das Quizbuch* Wer wird Fußball-Quiz-König? *veröffentlicht. Ben Redelings lebt mit seiner Familie in Bochum.*
Infos & Termine: www.scudetto.de

November 09 2017

DIE SPEZIES SCHIEDSRICHTER

#HelmutKrug **#DFB** **#Videobeweis** **#Videoschiedsrichter**

Der Videobeweis aus dem Darkroom in Köln kommt einfach nicht aus den Negativschlagzeilen heraus. Der Chef der Videoschiedsrichter, Helmut Krug, wurde vom DFB abgesetzt, weil er Einfluss auf die Entscheidungen der Videoschiedsrichter genommen haben soll. Krug bestreitet das.

Wie muss ich mir das vorstellen? Wie viele Schiedsrichter sitzen da im Darkroom in Köln? Vier, fünf? Und dann eben noch der Chef, Helmut Krug. Das ist dann sozusagen der Captain Kirk auf der Brücke – wie bei „Raumschiff Enterprise". Gerüchten zufolge soll es vorgekommen sein, dass es Entscheidungen gegen den Lieblingsklub des Chefs gegeben hat. Da soll Captain Kirk dann Einspruch erhoben haben. Ich habe den Eindruck, wer diesen Videoraum in Köln kontrolliert, der kontrolliert die Bundesliga.

In 20 Jahren Profifußball habe ich viele Schiedsrichter getroffen. Einer hat mir sogar mal Rot gegeben, weil er Angst hatte, dass ich ihm seine Freundin ausspanne. Wenn ich mir Schiedsrichter mal genauer ansehe, dann haben sie alle eins gemeinsam. Guckt bitte mal genau hin: Ich behaupte, 99 Prozent aller Schiedsrichter können nicht kicken. Sie durften früher auf dem Bolzplatz nur mitspielen, weil ihnen der Ball gehörte.

Neun von zehn Schiedsrichtern sind beim Bolzen in der Schule zuletzt gewählt worden. Und wenn ein Talentfreier auch mal in der Bundesliga dabei sein will, dann gibt's eben nur eine Möglichkeit – als Schiedsrichter.

Liebe Schiedsrichter, ihr steht für Fairplay, ihr seid unparteiisch. Genau das erwarten Fans und Spieler von euch, auf dem Platz und im Videoraum.

Ich bin ohnehin dafür, dass wir den Videobeweis noch mal überdenken. Ich bin dafür, dass wir wie im Basketball mit zwei Hauptschiedsrichtern auf dem Platz arbeiten. Der Fußball ist so schnell geworden, dass vier Augen einfach mehr sehen als zwei. Früher konntest du Spieler beim Laufen malen, diese Zeiten sind vorbei, da ist heute mehr Tempo drin. Zwei Schiedsrichter auf den Platz, in jeder Spielhälfte einer, dann noch die Assistenten an der Linie, die Torrichter – wenn die dann tatsächlich noch was übersehen sollten, dann ist das halt so. Das müssen wir dann hinnehmen als Tatsachenentscheidung.

Die Videoschiris in diesem Videoraum in Köln, wo an der Tür schon *www.wetten.de* steht, die machen mir aber Angst, die brauchen wir nicht.

Dezember
09
2017

KARRIERE NACH DER KARRIERE

#RobertLewandowski **#Mainz05** **#FCBayern**

Robert Lewandowski, Stürmerstar des FC Bayern, ein Weltstar, macht sich Gedanken darüber, was er denn nach seiner Fußballkarriere machen könnte. Das erstaunliche Ergebnis: Lewa möchte Rennfahrer werden. Und damit das auch klappt, hat er schon mal geübt: mit einem Fiat Bravo.

Warum will Robert Lewandoswki nach seiner Fußballerkarriere noch Rennfahrer werden? Braucht er Geld? Ich habe immer gedacht, wenn Lewa seine Karriere beendet, dann wird er Privatier. Er fliegt doch jetzt schon mal mit dem Hubschrauber zum Brötchenholen. Fakt bleibt: Er hat wirklich geprobt mit einem Fiat Bravo. Warum hat er eigentlich keinen Ferrari?

Es kann ja auch jeder nach der Fußballkarriere machen, was er will. Als ich noch aktiv war, wurde in der Kabine oft über die Karriere nach der Karriere gesprochen. Der eine wollte ein Taxiunternehmen aufmachen, der andere einen Kiosk, ein dritter wollte 'ne Disco eröffnen.

Ich habe mir dann gesagt: warum warten bis nach der Karriere? Gesagt, getan. Ich habe meine eigene Disco eröffnet. Ich musste aber nach nur sechs Monaten leider wieder schließen, weil ich mein einziger Kunde war.

Ein Mitspieler, mit dem ich bei Mainz 05 zusammengespielt habe, hatte ganz andere Pläne: Er wollte nach seiner Karriere einen Puff eröffnen. Er hat mir auch erklärt, warum: „Meine Oma hat auch schon einen, läuft wie hulle."

Er hat in meinem Beisein auch regelmäßig seine Oma angerufen und sich erkundigt, wie die Geschäfte so laufen. Die Oma fragte dann immer: „Junge, brauchst du wieder Geld? Soll ich dir was schicken?" Die Oma meines Mitspielers hat sich etwas über die Anrufe ihres Enkels gewundert: „Du bist doch Fußballprofi und kommst mit deinem Geld wieder nicht hin? Junge, Junge, gut, dass du deine Oma hast."

Um Robert Lewandowski müssen wir uns nach seiner Karriere finanziell garantiert keine Sorgen machen. Bei mir ist das ein bisschen anders, denn ich bin mit null Cent in meine Karriere gegangen und mit minus wieder rausgekommen. Deshalb suche ich auch immer noch den perfekten Job für Talentfreie wie mich. Grundvoraussetzung: wenig Arbeit, viel Kohle – das wäre genau mein Ding!

Februar
24
2018

MONTAGS-SPIELE

#Montagsspiele **#DFL** **#BVB** **#FCAugsburg**

Seit meinem vierten Lebensjahr spiele und schaue ich Fußball, und wenn mir mal jemand gesagt hätte, dass die Bundesliga jemals auf einem Montag spielt, dann hätte ich sofort die Sportart gewechselt.

Montagsspiele, das braucht doch kein Mensch.

Liebe DFL, Bundesligaspiele am Montagabend – seid ihr eigentlich völlig geistesgestört? Montagsspiele ist wie ein Regelverstoß im Dschungelcamp, ihr wisst ja, wie das endet: Da gehen alle nach Hause, und das will keiner sehen.

Und meine Generation schon gar nicht. Wir haben alles gegeben, was wir haben, an einem Freitag, an einem Samstag, und, wenn es sein musste, auch mal an einem Sonntag. Montags habe ich meinen Rausch ausgeschlafen. Da war erst mal Ruhe. Da kann und will keiner Fußball spielen – zumindest meine Generation nicht. Aber mit den Spielern von heute könnt ihr ja machen, was ihr wollt.

Das nächste Montagsspiel lautet Dortmund gegen Augsburg. Was bedeutet das für einen Augsburger Fan? Er muss sich an einem Montag ins Auto setzen und 1.100 Kilometer fahren, um sein Team unterstützen zu können. Damit er das überhaupt schaffen kann, braucht er zwei Tage Urlaub. Geht's noch? Das ist ja Wahnsinn! Wo soll das alles enden? Die Bundesliga spielt traditionell samstags um 15:30 Uhr. Es kommt doch auch niemand auf die Idee, die 20-Uhr-Nachrichten morgens um neun zu senden.

Aber ich habe den Plan der DFL durchschaut. Ihr zieht das jetzt gegen alle Proteste durch und hofft, dass die Leute es irgendwann akzeptieren und Montagsspiele zum Alltag gehören. Aber ein Bundesligaspieltag ist niemals Alltag, das ist immer ein Festtag für die Fans.

Ich fürchte allerdings, dass die DFL auch vor drastischeren Maßnahmen nicht zurückschreckt, um noch mehr Geld zu verdienen. Vermutlich suchen die gerade jemanden, der 500 Millionen ausgibt, wenn die erste Halbzeit an einem Montag ausgetragen wird und die zweite am darauffolgenden Dienstag. Der DFL traue ich alles zu.

Nach zahlreichen Protesten hat sich die DFL im November 2018 entschlossen, die Montagsspiele ab der Saison 2021/22 mit Beginn des neuen TV-Vertrags wieder abzuschaffen.

März
10
2018

50+1

#FCBayern **#ArminiaBielefeld** **#DynamoDresden**

Bayern-Boss Karl-Heinz Rummenigge will die 50+1-Regelung abschaffen. Wenn diese Regelung fällt, dann kann es in Deutschland passieren, dass ein Investor kommt und einen Verein komplett übernimmt. Theoretisch kann der Investor dann mit „seinem" Verein machen, was er will. Er könnte die Vereinsfarben ändern, er könnte das Logo ändern und auch das Vereinslied.

Das ist ist im Fußball alles schon passiert: bei Cardiff City, bei Austria Salzburg (jetzt Red Bull Salzburg) oder Steaua Bukarest.

Stellt euch doch einfach mal vor, ein Investor übernimmt Arminia Bielefeld und bestimmt, dass Arminia ab sofort in Grün spielen muss. Unvorstellbar. Wenn Investoren das Sagen haben, dann verliert der Fußball seine familiären Wurzeln, dann ist Fußball nur noch ein Event. Das ist dann ungefähr so, als wenn Batman ab morgen in Bielefeld wohnen muss. Ist er dann noch Batman? Nein, denn Batman muss in Gotham City wohnen. Der Fußball muss weiterhin auch den Fans gehören. Die Fans müssen mitbestimmen dürfen.

Was hat Karl-Heinz Rummenigge vor, will er seinen FC Bayern noch reicher machen? Wenn jetzt ein Klub, der finanziell am Ende ist und auch mal um die Champions League spielen will, sagt: 50+1 muss weg … das könnte ich ja noch irgendwie logisch nachvollziehen. Aber ausgerechnet der FC Bayern, der ohnehin die meiste Kohle hat? Wo soll das enden? Wollen die

Bayern dann demnächst über Tochterfirmen die Gegner aufkaufen, damit die Ergebnisse stimmen?

Ich kann mir nicht vorstellen, dass Traditionsklubs wie Arminia Bielefeld, Eintracht Frankfurt oder Dynamo Dresden auf diese Art und Weise die Champions League gewinnen möchten. Wir wollen keinen Investor, der uns morgen 500 Millionen gibt, die besten Spieler Europas nach Bielefeld holt, damit wir um die ersten drei Plätze spielen. Das würde den Wettbewerb verzerren und letztlich den Fußball kaputt machen. So wollen wir nicht Meister werden oder die Champions League gewinnen.

Herr Rummenigge, versuchen Sie das, was Sie jetzt gerade mit Ihren Bayern planen, doch einfach mal mit Dynamo Dresden. Ich kann Ihnen versichern, dass wir dann alle viel Spaß haben.

Wenn Sie das nämlich in Dresden versuchen, dann sehe ich schon das Spruchband im Stadion: „Herr Rummenigge, Sie haben noch eine Stunde, die Stadt zu verlassen".

Deswegen liebe ich echte Traditionsvereine: Die werden seelenlose Investoren niemals zulassen.

Juli
07
2018

NEYMAR

#Neymar **#EricCantona** **#ThorstenLegat**

Wenn ich mir die Performance von Neymar bei der WM so anschaue, dann ist das schon etwas peinlich. Er liegt mehr auf dem Platz, als dass er seine überragenden Fähigkeiten nutzt. Ein Windstoß – und Neymar liegt. Die Presse spricht schon von einer „Schande für den Fußball". Offenbar hat Neymar den Schmetterlingseffekt noch mal völlig neu definiert. Wenn ein Schmetterling in China irgendwo mit den Flügeln schlägt, hat Neymar 8.000 Kilometer weit weg so unfassbare Schmerzen, dass er sich sofort auf dem Boden wälzen muss. Deshalb muss er sich im Netz jetzt auch einiges gefallen lassen – nicht nur von Fans und Experten, sondern auch von den Kindern dieser Welt.

Ich habe ein Video gesehen, da laufen 18 Kinder mit einem Ball geradeaus, und dann ruft einer: Neymar! Die 18 Kinder scheinen plötzlich derartig große Schmerzen zu haben, dass sie sich wie Neymar sofort auf dem Boden wälzen müssen. Da muss der 222-Millionen-Superstar jetzt einfach mal durch, das muss er einstecken.

Ich hoffe nur, dass Neymar nie nach England wechselt, denn dann kann ich ihm jetzt schon sagen, was dort mit ihm passiert. Da wird es keine niedlichen Videos geben, da werden dir deine eigenen Mitspieler direkt aufs Maul hauen, weil sie keinen Bock darauf haben, dass du bei jeder Kleinigkeit den sterbenden Schwan spielst.

Diese ganze Scheiße hat Neymar doch überhaupt nicht nötig. Wenn man so geil Fußball spielen kann wie er, dann sollte man auch so lange wie es geht auf den Beinen bleiben.

Die Straße verhält sich anders auf dem Fußballplatz. Straße teilt aus, und Straße steckt ein. Wenn du auf der Straße mal einen abbekommst, dann schüttelst du dich und stehst wieder auf. Wenn du jemals auf der Straße Streit hast, dann bete, dass Cantona neben dir steht und nicht Neymar! Cantona weiß, was zu tun ist. Neymar rennt vermutlich in die verkehrte Richtung. Der wird dich nicht retten.

Vielleicht sollte Neymar nach der WM Thorsten Legat engagieren – als Privattrainer. Danach stellt er sich auf der Autobahn 40-Tonnern entgegen.

NEW YORK, RIO, TOKIO

#DFB **#FCBarcelona** **#UEFA**

DFB, UEFA, FIFA – so langsam drehen wirklich alle durch! Was ist nur los mit euch? Die UEFA denkt ernsthaft darüber nach, das Endspiel der Champions League in New York stattfinden zu lassen!

Die Spanier sind da fast schon einen Schritt weiter, der FC Barcelona und der FC Girona sollen demnächst ein Punktspiel in Miami austragen. Das ist kein Witz. Barcelona und Girona liegen keine 100 Kilometer auseinander. Das ist ein katalanisches Derby. Und die Liga plant wirklich, dieses Derby Tausende Kilometer entfernt in Miami auszutragen, obwohl sich die Spieler beider Vereine dagegen wehren. Anstoßzeit wäre übrigens 1:15 Uhr nachts.

Was kommt als Nächstes? El Clásico in den USA? Oder in der Wüste bei 50 Grad?

Ich hoffe nur, dass unser großer DFB nicht auf dumme Gedanken kommt. Man stelle sich ein Bundesligaspiel in den USA vor. Da fährst du nicht mit der Regionalbahn hin, da müssten die Fans mit dem Flugzeug hin. Und wer sich das nicht leisten kann, der darf dann vielleicht nachts ins Stadion zum Public Viewing, wegen der Zeitverschiebung. Das wird nicht das einzige Problem: Vermutlich wird das Spiel pro Halbzeit 25-mal durch Werbeeinblendungen unterbrochen.

Wenn DFB und DFL auf solche Ideen kommen, dann ziehen sie am besten gleich um. Wie wäre es mit Hawaii? Damit man näher dran ist an den Spielen in den USA.

Ich habe den Eindruck, dass der Fußballgott sein Zepter abgegeben hat. Es regiert nur noch Geld, Geld, Geld. Aber ich sage euch was: Eines Tages holt sich die Straße den Fußball zurück. Und deshalb gebe ich euch mal einen freundschaftlichen Rat:

Bevor DFL und DFB unsere Jungs, unsere Bundesliga nötigen, irgendwo in der Welt Fußball zu spielen, lieber zurück zu den Wurzeln. Wir wollen Fußball samstags um 15:30 Uhr. Das ist die Zeit, wo Fußball gespielt wird. Samstags um 15:30 Uhr wollen wir alle Vereine auf dem Platz sehen, alle 18 – und zwar nicht in New York, nicht in Tokio, nicht in Katar oder in Singapur, sondern in Dortmund, in Frankfurt, auf Schalke, auf St. Pauli und auf der Alm. Da ist der Fußball nämlich zuhause.

Aus dem Punktspiel zwischen dem FC Girona und dem FC Barcelona in Miami wurde nichts. Spielergewerkschaft und der spanische Fußballverband wehrten sich erfolgreich gegen die Pläne der spanischen Liga. Das Derby fand im Januar 2019 in Girona statt, der FC Barcelona gewann mit 2:0.

Oktober
27
2018

DIE WÜRDE DES FUSSBALLS

#Heidenheim **#SVSandhausen** **#SSCNeapel** **#NationsLeague**

In der 2. Bundesliga war ich fast 20 Jahre lang zuhause. Ich hätte mir nie träumen lassen, dass diese Liga mal freiwillig auf die Idee kommt, am Samstagabend zu spielen. Anstoßzeit 20 Uhr oder 20:30 Uhr. Leute, was ist denn da los? Sind denn jetzt alle verrückt geworden?

Ich habe 380 Spiele in der zweiten Liga gemacht, und ganz ehrlich, Samstagabend um 20:30 Uhr hab ich mich auf die Disco vorbereitet, auf Frauen, auf Alkohol, auf Durch-die-Nacht-Cruisen, aber niemals auf Fußball. Das ist doch voll gegen den Biorhythmus. Was ist los mit euch?

Ich komm da langsam nicht mehr mit. Es wird bereits montags gespielt in der 1. und 2. Bundesliga. Dazu wird demnächst dann am Samstag gespielt, um 20 Uhr, was es so noch nie gegeben hatte in der zweiten Liga. Dann haben wir Dienstag und Mittwoch Champions League, Donnerstag die Europa League und demnächst noch die Europa League 2, und am Freitag spielen dann schon wieder 1. und 2. Bundesliga. Die spielen auch am Samstag und am Sonntag. Im Sommer haben wir die EM, die WM. Und wenn zwischendurch mal kein Fußball stattfindet, dann haben wir jetzt die Nations League. Leute, ganz ehrlich, das ist bei weitem zu viel des Guten. Wer soll das denn bitte alles gucken?

Ich freue mich schon auf den Kracher Heidenheim gegen Sandhausen am Samstag um 20:30 Uhr. Für dieses Spiel werde ich schon jetzt alle Termine absagen. Ich werde an diesem Samstag nicht ins Kino gehen, ich werde mich nicht mit Freunden treffen, ich werde mich nicht betrinken. Ich werde auf dieses Spiel warten. Da ist der Samstagabend endlich gerettet.

Es gibt aber vielleicht bald eine Möglichkeit, dass wir alle Spiele gucken können. Der Präsident vom SSC Neapel, Aurelio De Laurentiis, hat ernsthaft vorgeschlagen, die Spielzeit auf zweimal 30 Minuten zu verkürzen. Was ist los mit denen da in Italien? Haben die zu viel Wein gesoffen oder zu viel Pizza gefressen? Das ganze Land ist schon am Arsch, und jetzt wollen sie auch noch den Fußball zu Grunde richten?

Ich habe da auch einen Vorschlag: Lasst uns doch auf vier Tore spielen. Dann schlägt es öfter mal ein.

Wenn das so weitergeht, dann suche mir eine neue Sportart. Ich möchte diesem ganzen Wahnsinn mal eins entgegenhalten, frei nach Karl-Heinz Rummenigge in der legendären Pressekonferenz des FC Bayern: Die Würde des Fußballs ist unantastbar! Haltet euch bitte daran.

November 10 2018

EINE LIGA OHNE ULI?

#UliHoeneß **#MehmetScholl** **#FCBayern**

Breaking News aus München: Ich weiß, jetzt haben alle gehofft, dass Horst Seehofer aufhört. Aber Seehofer ist es nicht, Uli Hoeneß hat angekündigt, seinen Job beim FC Bayern zeitnah aufzugeben.

Was stimmt denn nicht mit diesem Land. Heino hört auf, Angela Merkel mag nicht mehr CDU-Chefin sein, und dann auch noch Uli Hoeneß. Was soll bitte aus diesem Land werden?

Zeit seiner Karriere hat er sich mit der ganzen Bundesliga angelegt. Es waren legendäre Kämpfe mit Willi Lemke von Werder Bremen, mit Christoph Daum – und Uli Hoeneß hat sie alle überstanden.

Er hat als Spieler alles gewonnen: EM, WM, Europapokal. Uli hat sogar einen Flugzeugabsturz überlebt, als Einziger. Und als Manager hat er den FC Bayern zu einer Weltmarke gemacht. Uli ist eigentlich kinoreif.

Ich frage mich nur, was Uli Hoeneß ohne sein Lebenswerk, den FC Bayern München, machen will? Geht er danach jeden Tag spazieren, morgens, mittags, abends? Wem haut er dann aufs Maul? Seinem Hund? Seinem Umfeld? Unbeteiligten Spaziergängern am Tegernsee? Ich weiß es nicht. Ich würde ihn gern mal besuchen am Tegernsee, mich mit ihm an ein Lagerfeuer setzen, damit habe ich ja seit dem Dschungelcamp Erfahrung.

Ich hätte auch einige Fragen an Uli:

Was er sich dabei gedacht hat, als er '76 den Elfmeter in den Nachthimmel von Belgrad geschossen hat?

Wie war es im Knast?

Wie kann man so einen Verein wie den FC Bayern zu einer Weltmarke machen?

Lieber Uli, Mehmet Scholl hat meine Nummer. Wenn du sie brauchst, um mich an den Tegernsee zu lotsen, frag ihn.

Wer wird eigentlich Nachfolger von Uli Hoeneß? Wer kann den Weltkonzern FC Bayern führen? Kleiner Tipp von mir: Christoph Daum wird es bestimmt nicht.

Als Nachfolger fällt mir nur Chuck Norris ein oder MacGyver.

Spaß beiseite: Der Einzige, der es vielleicht wirklich machen könnte, ist Mehmet Scholl.

DAS SCHÖNE SPIEL

LIVERPOOL

#JürgenKlopp #FCLiverpool #Mainz05 #EuropaLeague

Der FC Liverpool hat Borussia Dortmund aus der Europa League geschossen. Die Reds haben nach 1:3-Rückstand noch 4:3 gewonnen. Mehr Emotionen in einem Fußballspiel sind kaum möglich.

Dass Jürgen Klopp ein Trainergott ist, wussten wir schon aus seiner Zeit in Dortmund. Ich habe mich immer gefragt, wo eigentlich der oft zitierte Fußballgott zuhause ist, irgendwo muss der doch auch wohnen. Jetzt weiß ich es: Die Adresse des Fußballgotts lautet: ANFIELD ROAD! Und das war schon so, bevor Kloppo Trainer des FC Liverpool wurde.

Die Engländer lieben Jürgen Klopp. Es geht sogar so weit, dass er Gerüchten zufolge eine Rolle im nächsten James Bond bekommen soll. Ich befürchte, dass es der letzte Bond wird, weil Jürgen Klopp auch 007 besiegen wird.

Wer Jürgen Klopp im Spiel an der Seitenlinie beobachtet hat, konnte sehen, dass er auch bei 1:3-Rückstand einfach nicht aufgibt. Kloppo ist so willensstark. Das war schon früher so. Ich habe in Mainz mit ihm zusammengespielt. Kloppo ging nicht nur auf dem Platz vorneweg, sondern auch beim Training. Ein Trainingsspiel dauerte immer so lange, bis das Team von Jürgen Klopp gewonnen hat. Es war völlig egal, ob es schon dunkel wurde. Seine Gegner haben dann irgendwann gesagt: „Okay, lass Kloppo mal ein paar Tore machen, damit wir heute noch nach Hause kommen."

Es ist kein Zufall, dass Kloppo emotional so stark ist. Genau deshalb passt er so gut zum FC Liverpool.

April
16
2016

Wenn ich meine Karriere noch mal von vorne starten dürfte, dann würde ich gerne alle Jugendmannschaften des FC Liverpool durchlaufen. Dann möchte ich mit 18 meinen Profivertrag beim FC Liverpool unterschreiben, möglichst viele Titel holen und mit 35 an der Anfield Road mein Abschiedsspiel geben.

Mehr geht emotional nicht. Das muss ungefähr so sein, als ob dich jeden Morgen ein Supermodel zum Sex zwingt.

HYPNOSE

#Chicharito #HorstEhrmanntraut #EintrachtFrankfurt #BayerLeverkusen #VfLOsnabrück

Chicharito, mexikanischer Weltstar bei Bayer Leverkusen, hat Ladehemmung. Er trifft die Bude einfach nicht mehr. Seit über 1.000 Minuten kein Treffer mehr in der Bundesliga. Für einen Stürmer ist das ein echtes Problem. Seine Freundin hatte jetzt aber eine Riesenidee, wie sie ihren Freund wieder zum Treffen bringt: Hypnose!

Doch Chicharito hat sich nicht hypnotisieren lassen, er verlässt sich da lieber auf sein enormes Talent. Und das ist eine gute Entscheidung. Ich habe in 20 Jahren Profifußball viele Verrückte erlebt, die alles versucht haben, um ihre Leistung zu steigern. Da waren schon sehr seltsame Rituale und Macken dabei.

Ein Mitspieler von mir beim VfL Osnabrück hat immer fünf Minuten vor einem Spiel einen Kopfstand gemacht. Der war davon überzeugt, dass dann mehr Blut in sein Hirn läuft und er dann auf dem Platz schneller im Kopf wird. Dass dieser Spieler mehr Blut im Hirn brauchte, hat er uns außerhalb des Platzes bewiesen. Er hat die ganze Mannschaft zu seiner Hochzeit eingeladen. Wir waren auch alle dort. Der Einzige, der gefehlt hat, war er selbst. Das Ganze hat er dann noch mal wiederholt, bei der dritten Einladung ist dann von uns keiner mehr hingegangen. Und dann hat er tatsächlich geheiratet.

Mein Trainer bei Eintracht Frankfurt, Horst Ehrmanntraut, hat 15 Minuten vor einem Bundesligaspiel mal seinen Co-Trainer Bernd Lippert aus der Kabine geworfen. Er hat seinem Assistenten vorgeworfen, negative Strahlung auszusenden. Neben mir saß Bernd Schneider. Der musste in dieser Situation verzweifelt in sein Trikot beißen, um nicht laut loszulachen.

Ich habe mich in meiner Zeit in Frankfurt oft gefragt, was mit unserem Trainer Horst Ehrmanntraut los ist – bis ich seine Frau kennengelernt habe. Die saß mal bei einem Mannschaftsessen neben mir und hat genau zehn Minuten gebraucht, um mich komplett esoterisch zu analysieren. Ihr erster Satz war: „Ansgar, du bist aber ein besonders kranker Fall." Ein paar Treffer waren allerdings dabei. Anschließend hat sie mir noch prophezeit, wie mein Leben weitergehen wird. Sie hat gesagt, dass ich, wenn ich so weitermache, nicht in der Sportschau, sondern in den 20-Uhr-Nachrichten lande, aber nicht positiv. Sie hat mir echt Angst gemacht. Gelegentlich hatte sie sogar ein Pendel dabei. Sie hat Dinge gesehen, die wir alle nicht sehen können.

Abenteurer, Tausendsassa, Bummler und Streuner

von Alexander Schur

Als Ansgar zur Eintracht wechselte, war er besonders für die Fans der große Unbekannte. Ich hatte ihn bereits bei meinem Profidebüt für die Eintracht in der zweiten Liga erlebt, bei einer 1:3-Niederlage in Gütersloh. Ansgar ist mir damals schon als physisch sehr starker, schneller Spieler aufgefallen.

Als er zur Eintracht kam, eilte ihm auch in Frankfurt schon der Ruf des Enfant terrible voraus. Wir brauchten aber neue Impulse und hatten gerade in puncto Konterspieler und Torgefahr noch Lücken. Für mich war er ein sportlich wertvoller Neuzugang mit einem eigenen Charakter, den unser starkes Team aushalten konnte.

Die Power, die er bei seinem Debüt im Eintracht-Trikot nach seiner Einwechslung entfachte, bestätigte alles. Eine absolute Bereicherung. Ansgar ist ein Bulle von einem Mann, ein echter Naturbursche. Eine körperliche Urgewalt, die Schneisen in gegnerische Abwehrreihen fräste. Dazu sehr schnell und mit einer guten Technik sowie einem harten Schuss versehen. Seine Tempodribblings waren sein Markenzeichen. In der taktischen Disziplin und in der Zweikampfführung hatte er seine Defizite. Den Titel „weißer Brasilianer" trägt er absolut zu Recht.

Horst Ehrmanntraut hat Ansgar damals nach Frankfurt geholt. Ehrmanntraut war ein sehr akribischer Trainer mit einem hohen perfektionistischen Anspruch an sich, sein Trainerteam und die Spieler. Ein Fußballwissenschaftler, der nichts dem Zufall überließ. Er liebte die Kraft, die ein funktionierendes Team entfachen konnte, und schweißte in seiner Zeit aus der Eintracht eine Einheit zusammen, mit schwierigen Typen wie Ansgar und aufopfernden Teamspielern. Ehrmanntraut predigte Wasser und trank Wasser – ein strenger, asketischer, sportlicher Trainer. Unter ihm funktionierte Ansgar. Ehrmanntraut ist der Vater des Aufstiegs 1998, Ansgar und ich waren ein Teil davon. Doch Ansgar war es, der der Eintracht nach dem ersten Abstieg der Geschichte wieder Leben einhauchte. Das werde ich nie vergessen!

Alex Schur und Ansgar

Bei den Eintracht-Fans erreichte er schnell Kultstatus. Es gibt Typen wie Ansgar oder Jan Åge Fjørtoft, die es schaffen, in kurzer Zeit die Liebe der Fans zu gewinnen, weil sie ihr Herz auf der Zunge tragen und im Kreise des Teams immer für eine Geschichte gut sind. Diese Typen sind aber nicht für eine lange Periode gemacht, sie suchen das Abenteuer Leben, und sie leben und lieben dieses Abenteuer.

Ich weiß nicht, wie oft ich über Ansgar den Kopf geschüttelt habe, wenn er auf oder außerhalb des Platzes verrückte Aktionen abgezogen hat. Aber eins steht fest: Langweilig war es mit ihm nie, und er hat der Eintracht wieder das Schillernde und Verrückte gegeben, was dem Verein so gefehlt hat. Mit seinen Ecken und Kanten war er eine absolute Bereicherung, das wussten die Fans zu schätzen und spüren bis heute noch eine gewisse Verbundenheit.

Kurz vor dem Aufstieg in der Saison 1997/98 hat Ansgar zu den Fans gesagt: „Wenn wir aufsteigen, schlaf ich danach vor dem Römer!“ Ich habe das Statement gelesen und natürlich mal wieder mit dem Kopf geschüttelt. Ich habe ihm gesagt, dass bei ihm auf jeden Fall eine Schraube locker ist. Wir hatten das natürlich irgendwann alle wieder vergessen, es ging ja um den Aufstieg.

Im Heimspiel gegen Mainz holten wir das wichtige 2:2-Unentschieden – was zum Aufstieg reichte! Wir feierten anschließend im Frankfurter Haus, als mitten in dieser ekstatischen Feier Ansgar zu mir kam. Er schaute ernst und raunte mir zu: „Schui, ich kann nicht weiterfeiern! Ich hab den Fans versprochen, dass ich vor dem Römer schlafe, das muss ich machen." Ich musste erst lachen, sah aber, dass er es wirklich ernst meinte und einen Schlafsack unter dem Arm hatte. Es war nicht zu übersehen: Der Junge war richtig traurig, dass er nicht mehr weiterfeiern konnte. Er hatte ein Versprechen einzulösen, dass er ernst nahm – typisch Ansgar. Ich sagte zu ihm: „Wir werden uns jetzt einen Fotografen schnappen und zum Römer fahren, dann legst du dich zehn Minuten hin und versuchst zu schlafen. Der Fotograf macht die Beweisfotos, anschließend kommst du wieder mit mir zur Feier! Die Fans werden heute ein Auge zudrücken!" Ansgar lachte wie ein kleiner Junge, dem man das verlorene Spielzeug wiedergebracht hatte!

Wir fuhren also zum Römer, machten das Foto und kehrten zurück zur Party. Von der legendären Aufstiegsfeier haben wir eineinhalb Stunden verpasst, aber ich war glücklich, Ansgar feiern zu sehen, als gäbe es keinen nächsten Tag.

Das zeigt sehr gut, wie Ansgar tickt. Er ist von Grund auf ein herzensguter Mensch, der so verrückt ist, dass es für zehn weitere Menschen reicht. Er ist ein Abenteurer, Tausendsassa, Bummler und Streuner, der immer wieder das Neue, Unbekannte sucht. Ich liebe den guten und liebenswürdigen Ansgar und habe manchmal Angst vor dem verwegenen Teil in ihm, obwohl mich auch dieser Ansgar fasziniert. Dieses Freibeuter-Wesen, das Spannende, das Mutige, das ich an seiner Seite ein wenig miterleben durfte. Auf der anderen Seite steht bei mir die Treue zu einem Verein, die Bodenständigkeit, eine Familie und ein planbares Leben, das was für Ansgar so gegensätzlich und unerreichbar scheint und was er an mir spannend findet. Nach Ansgar-Jargon sind wir zwei „ein spannendes Trio".

Ansgar ist zwar ein sehr geselliger Typ, aber ich muss auch immer an den „lonesome cowboy“ denken. Für mich ist er der Inbegriff eines freien Radikalen in der Gesellschaft, verbunden mit einem hohen Maß an Abenteuerlust, den keiner einfangen kann. Der auch in oder nach schwierigen Situationen mit einem Strohhalm im Mundwinkel allein in den Sonnenuntergang reitet und das Leben genießt. Ein solcher Typ passt heute nicht mehr in die Bundesliga. Die Bundesliga funktioniert mittlerweile über eine sehr wuchtige Medienwelt.

Es gibt keine Nischen und Freiräume mehr, in denen sich ein Typ wie Ansgar ausleben könnte. Passiert etwas auf dem Spielfeld, in irgendeiner Kneipe oder pinkelt jemand in einer Hotellobby an den Tresen – er wird sofort an den medialen Pranger gestellt oder, und das ist fast noch schlimmer, von irgendwem mit dem Handy gefilmt. Das gab es zu unserer Zeit nicht.

Die Ausbildung der nächsten Generationen zielt auch darauf ab, die Spieler, natürlich auch zu deren eigenem Schutz, auf dieses Geschäft vorzubereiten. Nachts an der Regenrinne aus dem Internat klettern und ins Nachtleben eintauchen? Unmöglich. In den Leistungszentren werden die letzten Freiräume mit Analysen, Medienschulung, Taktiksitzungen und Trainingseinheiten zugeschüttet, und die Regeln tun ihr Übriges. Ein Ansgar Brinkmann wäre nie durch die Zeit eines Internats gekommen! Und somit ist der Fußball heute ein Vielfaches ärmer an Geschichten, wie wir sie damals geschrieben haben …

*Alexander Schur (*23. Juli 1971 in Frankfurt), langjähriger Kapitän und Kultspieler von Eintracht Frankfurt, erlebte Ansgar Brinkmanns komplette Zeit bei der Eintracht hautnah mit. Gemeinsam stiegen sie in der Saison 1997/98 in die erste Liga auf, schlugen als Aufsteiger den großen FC Bayern und hielten durch ein sensationelles 5:1 am letzten Spieltag gegen den 1. FC Kaiserslautern die Klasse.*

Unterschiedlicher können Profis nicht sein: Alexander Schur verbrachte seine komplette Profikarriere bei einem einzigen Verein, „seiner“ Eintracht, für die er auch heute noch im Marketingbereich arbeitet. Ansgar wechselte in dieser Zeit seine Vereine wie andere Menschen die Unterwäsche. Trotzdem entwickelte sich eine Freundschaft zwischen diesen beiden höchst unterschiedlichen Fußballern, die bis heute Bestand hat.

GESPERRTE SÜD

#BVB #HansJoachimWatzke #MarioGötze #DFB #VfLWolfsburg #RBLeipzig

Was ist nur los beim großen BVB? Probleme, soweit das Auge reicht, und das nicht nur sportlich. Gegen Wolfsburg wird die legendäre Südtribüne komplett leer bleiben. Der DFB bestraft den BVB, weil einige Anhänger beim Spiel gegen RB Leipzig ausgetickt sind.

Das wird bestimmt ein sehr kurioses Bild, wenn niemand auf der größten Stehplatztribüne der Welt steht. Keine Sprechchöre, keine Banner, nur Stille auf der Süd.

Was der DFB nicht bedacht hat: Er bestraft die Wolfsburger gleich mit, obwohl die gar nichts gemacht haben. Die Spieler des VfL haben sich schon so auf das Spiel in Dortmund gefreut, und das hat definitiv mit der Südtribüne zu tun. Jetzt kommen die Wolfsburger durch den Dortmunder Spielertunnel auf den Platz, und alles ist wie zuhause – nix los.

BVB-Geschäftsführer Hans-Joachim Watzke gibt alles, damit die Süd in diesem Spiel nicht ganz so trostlos rüberkommt. Gerüchten zufolge hat er Mario Götze ins Büro geholt und zu ihm gesagt: „Mario, pass mal auf, mein Freund, du spielst unter unserem Trainer ja eh wenig. Deshalb kriegst du gegen Wolfsburg dieses Schild hier in die Hand und stellst dich mittig auf die Süd.“ Auf dem Schild steht übrigens „Scheiß DFB“. Ich finde das völlig okay, der Junge kann auch mal was tun für sein Geld, wenn er schon nicht kickt.

Ich kenne Fans von Borussia Dortmund, die haben seit 25 Jahren kein Heimspiel verpasst. Die sind mit der Sperrung der Süd völlig überfordert. Die rennen seit 25 Jahren in dieses Stadion, und jetzt kommt der DFB und beraubt sie ihrer makellosen Heimspielstatistik. Damit muss man erst mal klarkommen. Vermutlich machen die Psychiater in Dortmund für diese Fälle extra am Samstag um 15:30 Uhr auf. Der Warteraum wird überfüllt sein, weil die 25.000 Fans, die sonst um diese Uhrzeit auf der Süd stehen, ja irgendwohin müssen.

Ein bisschen ist der BVB aber auch selbst schuld an den Ausschreitungen und der Sperrung der Süd. Wenn ich an die Aussagen vom Aki Watzke vor dem Spiel gegen Leipzig denke: Er hat gesagt, dass in Leipzig nur Fußball gespielt wird, um eine Getränkedose zu performen und dass da nichts historisch gewachsen sei. Deeskalation sieht anders aus.

Konsequenterweise müsste der DFB eigentlich mal die VIP-Logen sperren und vor allem die Vorstandssitze. Dann müsste Watzke mal zuhause bleiben – und nicht die Fans. RB Leipzig spielt bald in Gladbach. Liebe Gladbacher, bitte überlegt euch gut, wie ihr euch verhaltet im Stadion, weil: Leere Ränge, wie jetzt in Dortmund, braucht kein Mensch.

Wider die Ramelowkratie

von Micky Beisenherz

Ich erinnere mich noch gut an den Januar 2007. Beruflich durfte ich ein paar Tage in Rio verbringen, und am letzten Tag meines Aufenthaltes nutzte ich die Gelegenheit, am Strand mit ein paar Einheimischen Fußball zu spielen.

Herrlich war es. Stilecht mit einer Dose Bier in der Hand.

Dann gelang mir das unfassbare: Ich tunnelte einen Brasilianer. An der Copacabana! Mit Bier in der Hand. (Eigentlich ein frühes 7 zu 1 in Miniatur, wenn man so will.)

Damals war mir klar, dass dies das Highlight meiner fußballerischen Karriere bedeuten sollte. Besser konnte es ja nun wirklich nicht mehr werden. Zumal ich am Abend vorher noch mit Giovane Élber einen trinken war. Diesem geselligen, trinkfesten und trickreichen Profi, der Zeit seiner Karriere offensichtlich alles dafür tat, seinem großen Idol Ansgar Brinkmann nachzueifern. Dafür allerdings war er einerseits nicht brasilianisch genug – und auch ein wenig zu professionell, fürchte ich.

Ansgar Brinkmann – dieser Name lässt jeden echten Fan mit feuchtem Glanz im Auge sehnsüchtig schwärmen von einer Zeit, in der der Profifußball ein letztes Mal nicht von überbezahlten Kindersoldaten und Rennpferden bestimmt wurde, sondern von Männern, deren einziger Kampf nicht der um Likes und Follower war, von Männern, die sich eher die Frage stellten: Wie viel Leben verträgt sich mit einer Profikarriere?

Beim „Tech-Freak aus Vechta" gewann mal das Profitum – und viel häufiger das Leben.

Bei Ansgar bestand ein Shitstorm noch nicht aus Tausenden wütender Accounts bei Instagram, sondern dem Trainer, Co-Trainer, Betreuerstab und Teamkameraden, die mittags wahlweise an die Hotelzimmertür oder auch mal die Knastpforte hämmerten, wo er denn wohl bleibe!

Ein herrlicher Typ. Ein Straßenfußballer in einer Zeit, in der es in Deutschland immer mehr Straßen, aber immer weniger Fußballer gab. Ein fußballerischer Silberstreif in der finsteren Ramelowkratie, die unser Land Ende der Neunziger so sehr lähmte, dass selbst ein Ronald Maul den Adler tragen durfte.

Micky Beisenherz und Ansgar

Wenn Brinkmann den Platz betrat, wusstest du: Hier passiert gleich Spektakuläres. Oder einfach gar nichts. Der weiße Brasilianer war der Bitcoin der Bundesliga – entweder schoss er in die Höhe. Oder du hast die Hände überm Kopf zusammengeschlagen. Sicher aber war er: ein Sehnsuchtsobjekt für alle, die den Fußball vor allem dann lieben, wenn er nicht von Robotern gespielt wird. Da, wo manche Menschen keine Fußballfans mehr sind, sondern mit dem Ticket so etwas wie einen Musicalbesuch erleben wollen: mit einem perfekt abgestimmten Ensemble, der immergleichen Choreografie auf dem Feld – und Monologen, die du blind mitsprechen kannst. Weil es alles so berechenbar ist. Ansgar Brinkmanns Spiel ist der Ferrari Testarossa unter den Fußballern – wunderschön, technisch perfekt, wenn er denn mal nicht muckt.

Lasst uns diesen Mann feiern, der nur deshalb nicht Rekordnationalspieler geworden ist, weil er sich zu häufig verweigert hat – und zu häufig Ja gesagt hat, wenn es hieß: „Kommst du noch auf ein Bier mit?"

Der weiche Brasilianer.

Ein Hoch auf den Mann, dem es der südamerikanische Kontinent verdankt, dass sich junge Männer an der Copacabana als die „schwarzen Ansgar Brinkmanns" verstehen.

*Micky Beisenherz (*28. Juni 1977 in Recklinghausen) bezeichnet sich selbst als „multimedialen (Ein-) Gemischtwarenladen".*

Als Autor hat er die heute-show, Extra 3 *und nicht zuletzt das RTL-Dschungelcamp aufgemischt. Als Moderator ist er beim ZDF, NDR und ProSieben zu sehen. Er macht einen Fußballpodcast für Sky, schreibt Gags u. a. für Atze Schröder und hat aus seiner* Stern-Kolumne *„Sorry, ich bin privat hier" das erfolgreiche Buch* … und zur Apokalypse gibt es Filterkaffee *destilliert.*

Micky Beisenherz ist Grimmepreisträger, hat mehrfach den Deutschen Comedypreis gewonnen und ist Fan des BVB.

MENTAL-TRAINING

#Schalke04 #MarkusWeinzierl #WinnieSchäfer

Schalke ist mal wieder in der Krise – ganz was Neues. Trainer Markus Weinzierl hat seinen Spielern jetzt einen Mentaltrainer verordnet. Er findet es sinnvoll, wenn ein Außenstehender der Mannschaft mal erklärt, wie sie die optimale Leistung abruft. Was ist aus meinem Fußball geworden? Leute, ihr spielt in der Bundesliga, ihr spielt vor 80.000 Zuschauern, ihr verdient Millionen! Und dann braucht ihr einen Mentaltrainer, um Leistung abzurufen und alles zu geben?

Da fehlt mir das Verständnis. Das ist ungefähr so, als ob sich eine Topfrau vor deinen Augen auszieht und du erst mal deinen Mentaltrainer anrufst und fragst, was du von dieser Situation halten sollst. Die Schalker Legende Stan Libuda rotiert gerade wie ein Hubschrauber in seinem Grab. Er hatte damals die Wahl, unter Tage im Staub zu malochen oder Fußball an der frischen Luft zu spielen. Heute gibt es vermutlich den ein oder anderen in der Schalker Mannschaft, der sagt: Och, unter Tage ist doch auch nicht schlecht, weil ich da weniger Druck habe.

Wenn mir früher einer mit einem Mentaltrainer gekommen wäre, dann wäre ich beleidigt gewesen. Meine Generation mit Klopp, Effenberg und Co, wir haben von selbst vor jedem Spiel wie eine Fackel gebrannt, von beiden Seiten.

Bei TeBe Berlin ist mir Trainer Winnie Schäfer mal mit einem Mentaltrainer gekommen. Da mussten ein Mannschaftkollege und ich uns gegenüberstehen, ich musste die Augen schließen und mich rückwärts fallen lassen. Mein Mitspieler sollte mich auffangen. Blindes Vertrauen sollte dadurch gefördert werden.

März
11
2017

Im Anschluss wurde ich vom Mentaltrainer zum Einzelgespräch geladen. Da habe ich ihm gesagt: „Pass mal auf, du Planetenkasper, wenn du mir noch mal mit so einer Scheiße kommst, dann haue ich dir aufs Maul. Und wenn du mich noch zu einem einzigen Einzelgespräch berufst, dann haue ich dir auch aufs Maul!"

Um Fußball zu spielen, brauche ich alles, aber bestimmt keinen Mentalklempner. Für den Traum von der Bundesliga ist kein Motivationscoach nötig, und das sollte eigentlich für jeden gelten, der in der Bundesliga spielen darf.

Wenn es auf Schalke weiterhin nicht läuft, dann lade ich die Mannschaft mal zu mir nach Bielefeld ein. Dann gehen wir in meine Stammkneipe, schließen uns ein, es gibt Jack Daniels bis zum Abwinken und Bier. Jeder muss trinken, das ist die Therapie. Danach kotzt ihr euch mal so richtig aus. Wenn jeder dem anderen ehrlich die Meinung gesagt hat, dann findet ihr als Mannschaft vielleicht wieder zusammen.

Wenn ich mit euch fertig bin, muss euch euer Trainer wieder trennen.

Der weiße Brasilianer im TeBe-Trikot

Der Anruf

von Philipp Köster

Im September 2012 rief Ansgar Brinkmann auf meinem Handy an. Ich ging nicht dran, ich hatte nämlich ein schlechtes Gewissen. Und das kam so:

Ich hatte für eine Ausgabe von *11Freunde* ein längeres historisches Stück über Tennis Borussia Berlin verfasst, als der Klub aus dem Berliner Westen für ein paar Jahre von der Bundesliga träumte, weil eine halbseidene Versicherungsgruppe viel Kohle in den Stadtteilklub gepumpt hatte. Um nun wirklich rasch in die erste Liga aufzusteigen, hatte TeBe jeden halbwegs talentierten Kicker verpflichtet, der nicht bei drei auf den Bäumen war. Und offenbar war auch Ansgar ein Angebot unterbreitet worden, das nicht nachverhandelt werden musste.

Der sportliche Erfolg blieb allerdings aus, dafür sorgte der wachsende Defätismus der Mannschaft für viele schillernde Anekdoten. Ansgar etwa ging die Aufgabe irgendwann nur noch lax an und stopfte sich nur Schuheinlagen statt Schienbeinschoner unter die Stutzen. Legendär auch der Ruf „Auszubildender, wir wechseln!", mit dem sich Ansgar an Coach Winnie Schäfer vorbei beim Linienrichter für den Einsatz anmeldete. Und da war der schöne Moment, als Sasa Ciric während des Spiels vom Coach mit den Worten „Gut abgeliefert, Sasa!" gelobt wurde, dabei saß der auf der Bank und war gar nicht eingesetzt worden.

Diese und andere Anekdoten hatte ich im *11Freunde*-Artikel zu einer launigen Geschichte vermengt, was mir unter anderem einen bösen Anruf von Winnie Schäfer eingetragen hatte. Und nun hatte auch noch Ansgar mir folgende Nachricht auf dem Anrufbeantworter hinterlassen: „Hier ist Ansgar! Es geht um die TeBe-Geschichte! Bitte Rückruf!"

Das klang deutlich förmlicher als die sonst sehr launigen Nachrichten, also war ich mir sicher, dass Ansgar überhaupt nicht einverstanden mit all den Indiskretionen gewesen sein dürfte. Ich wählte leicht beklommen seine Nummer, und Ansgar legte sofort los: „Philipp, ich hab gerade die TeBe-Geschichte gelesen, es haben mich auch viele Leute darauf angesprochen. Du weißt, ich bin da eigentlich sehr locker. Und ich finde es nicht schlimm, wenn Menschen Fehler machen. Aber ich hab dir vertraut, dass du keine Tatsachen verdrehst …"

Dann machte Ansgar eine Pause. „Und deshalb ist mir jetzt wichtig zu sagen: ABSOLUTE WELTKLASSE. Hammerbericht, mein Lieber. Ich hab Tränen gelacht. War aber alles noch viel geiler. Die besten Geschichten hab ich dir noch vorenthalten. Erzähl ich dir beim nächsten Mal!"

Ich legte auf und dachte bei mir: „Gut abgeliefert, Ansgar!"

*Philipp Köster (*4. April 1972 in Bobingen) ist Gründer, Geschäftsführer und Chefrededakteur des Fußballmagazins* 11 Freunde. *Köster ist bekennender Fan von Arminia Bielefeld, Autor zahlreicher Fußballbücher und sammelt Trikots und Stadionhefte. 2010 wurde er als „Sportjournalist des Jahres" ausgezeichnet.*

KEVINS NEUER JOB

April 15 2017

#KevinGroßkreutz #VfBStuttgart #Darmstadt98

Kevin Großkreutz hat einen neuen Job. Der Weltmeister geht in die zweite Liga zu Darmstadt 98. Für Darmstadt ist das natürlich ein absoluter Top-Transfer und für Kevin eine Möglichkeit, nach seinem Rauswurf beim VfB Stuttgart endlich wieder Fußball spielen zu können.

Kevin war mit Jugendspielern des VfB im Rotlichtmilieu unterwegs, das ist natürlich ein No-Go. Zu allem Überfluss hatte er dort auch noch eine Schlägerei und musste verletzt ins Krankenhaus eingeliefert werden. Der VfB hat ihn daraufhin gefeuert. Klar, Strafe muss sein, aber Kevin direkt zu feuern fand ich viel zu hart. Was ist da los in Stuttgart? Gibt es keine Abmahnungen mehr?

Zu meiner Zeit gab es Abmahnungen … Abmahnung, Abmahnung, Abmahnung! Und dann ging es weiter mit Fußball.

Ich bin mal einen Tag vor einem Spiel mit einem Mitspieler durchs Rotlichtmilieu gezogen. Wir sind dann in eine Bar gegangen. Und wer sitzt da an der Theke? Mein Trainer und mein Manager. Der Trainer fragte mich: „Ansgar, was macht ihr denn hier?" Da habe ich gesagt: „Oh, Navi ist kaputt. Wir haben uns verlaufen." Wir haben den Laden fluchtartig verlassen. Darüber ist nie wieder gesprochen worden. Woran das nur lag? Komisch.

Ich finde es gut, dass Darmstadt Kevin Großkreutz eine Chance gibt. Trainer Torsten Frings hat gesagt: „Kevin ist ein ehrlicher Arbeiter." Hoffnungslose Fälle sind in Darmstadt auch irgendwie Geschäftsprinzip. Nur so kannst du günstig

Kevin Großkreutz und Ansgar beim Pokalfinale 2018 im Berliner Olympiastadion

an talentierte Spieler kommen. Deshalb rechne ich insgeheim übrigens auch noch mit einem Angebot aus Darmstadt. Vielleicht ruft Frings ja bald an und sagt: „Ansgar, rechte Seite. Für zehn Minuten reicht es doch bestimmt noch."

Ich wäre sofort dabei. Da hätten wir dann eine schöne Badboy-Truppe beisammen.

Das Kapitel Darmstadt endete für Kevin Großkreutz nach nur einer Saison aus sportlichen Gründen. Neben dem Platz verhielt sich der Weltmeister tadellos, nur auf dem Feld wollte ihm nicht viel gelingen. Unter Frings' Nachfolger Dirk Schuster hatte Großkreutz keine Chance mehr und wechselte schließlich zum Drittliga-Aufsteiger KFC Uerdingen.

Mai 20 2017

MOTIVATION IST ALLES

#CarstenRump **#ArminiaBielefeld** **#EintrachtBraunschweig** **#Mainz 05**

Carsten Rump ist Co-Trainer von Arminia Bielefeld. Ich habe mit Rumpi noch zusammen gespielt. Vor dem Spiel Arminia gegen Eintracht Braunschweig hat Rumpi mal so richtig einen rausgehauen. Vorletzter Spieltag, Arminia steht das Wasser im Abstiegskampf bis zum Hals, Braunschweig ist Tabellenzweiter. Rumpi hat vor dem Spiel eine legendäre Kabinenansprache gehalten, die danach auch in den sozialen Netzwerken verbreitet wurde. Carsten schreit die Spieler förmlich an: „25.000 sind da draußen und warten, dass ihr gleich explodiert!!! 25.000! Die beten zu Gott, dass ihr gleich Gas gebt!"

Ich hätte nie gedacht, dass Carsten Rump zu so einer hochemotionalen Ansprache im Stande ist. Aber er setzt sogar noch einen drauf, noch lauter, noch emotionaler: „Ihr müsst mir jetzt ein Versprechen hier leisten, dass ihr für eure Familien, für eure Kinder ALLES GEBT! ALLES GEBT! FÜR EURE FAMILIEN, FÜR EURE KINDER WERDET IHR JETZT DA DRAUßEN ACKERN! UND WIR WERDEN DAS SPIEL GEWINNEN! VERSPRECHT IHR MIR DAS???" Die Spieler explodieren schon in der Kabine, trommeln wild mit den Fäusten auf die Bänke, auf die Trikotkoffer und schreien: „JAAAAAA!"

Arminia hat das Spiel 6:0 gewonnen. Sie hätten sogar zweistellig gewinnen können. Der Abstiegskandidat gegen den Aufstiegskandidaten Braunschweig, der bis dahin die beste Abwehr der Liga hatte. Nach dieser Motivationsrede von

Rumpi hätte ich vermutlich den Mount Everest in Adiletten bestiegen. Nach so einer Ansprache glaubst du an alles.

Carsten Rump ist Kult bei Arminia, der gehört schon fast zum Inventar. Er hat als Spieler und Trainer alle Stationen durchlaufen. Rumpi gehört zur Arminia wie die Sparrenburg zu Bielefeld. Seine Karriere bei Arminia begann, als ich dort gespielt habe. Auf dem Platz war er ein bisschen talentfrei, also kein Edeltechniker, aber er kam schon damals jeden Morgen mit richtig guter Laune in die Kabine. Deshalb habe ich gedacht, dass Rumpi nach seiner aktiven Karriere vielleicht mal ′ne Waldorfschule leitet. Stattdessen haut er so ein verbales Brett in der Kabine raus. Ich hatte Gänsehaut, die Spieler auch, die Fans erst recht. Wahnsinn!

Während meiner Karriere habe ich ganz andere Motivationsansprachen erlebt. Wir waren mit Mainz 05 im Abstiegskampf, es lief nicht so gut, und Trainer Hermann Hummels wurde gefeuert. Horst Franz übernahm. An seinem ersten Tag kommt Franz in die Kabine und ich dachte, jetzt kommt aber mal so eine richtige Motivationsrede. Seine ersten Worte waren: „Männer, seht ihr da draußen den Ferrari? Das ist meiner. Und wisst ihr, was passiert, wenn wir hier absteigen? Dann steige ich in meinen Ferrari und fahre nach Hause." Jürgen Klopp saß mir zwei Meter gegenüber, sein Gesicht sprach Bände.

Arminia ist trotz des 6:0-Sieges gegen Braunschweig immer noch im Abstiegskampf und hat das letzte Spiel der Saison in Dresden. Ich bin mir sicher, dass sie nach dieser Rede von Rumpi auch in Dresden um ihr Leben rennen werden und die nötigen Punkte mitbringen werden.

Eine Woche später schafft Arminia tatsächlich den Klassenerhalt. Ein 1:1 in Dresden reicht, weil Heidenheim zeitgleich 1860 München mit 2:1 besiegt. Braunschweig scheitert in der Relegation zur Bundesliga am VfL Wolfsburg, steigt ein Jahr später ab und spielt nun in Liga drei.

August 26 2017

TATTOOS MACHEN BEINE SCHLAPP

#MarcoReus #CristianoRonaldo #ReinhardGrindel

Prof. Dr. Ingo Froböse von der Sporthochschule Köln hat festgestellt, dass tätowierte Fußballer keine hundertprozentige Leistung bringen können. Leistungssportler mit großflächigen Tattoos verlieren laut diverser Studien in der ersten Zeit zwischen drei und fünf Prozent ihrer Leistung, weil die Haut nicht mehr richtig atmen kann. Das könnte die Fußballwelt verändern, in der ja inzwischen jedes My der Leistung strengstens kontrolliert wird. Da wird nichts mehr dem Zufall überlassen. Aber wie soll ein Verein die Spieler auch davon abhalten, sich tätowieren zu lassen? Ich habe da einen Vorschlag: Man muss ihnen nur vor Augen halten, dass sie durch große Tattoos nicht nur fünf Prozent Leistungsfähigkeit auf dem Platz verlieren, sondern auch beim Sex. Könnte helfen …

Mir fällt inzwischen kaum noch ein Spieler ohne Tattoos ein. Marco Reus hat sich zum Beispiel seine beiden bisherigen Titel tätowieren lassen. Auf dem linken Arm hat er den DFB-Pokal und auf den rechten Arm den Führerschein.

Ich war da ein bisschen cleverer, weil ich ja immer 100 Prozent Leistung bringen wollte. Deswegen habe ich mit meinem Tattoo bis nach meiner Karriere gewartet. Die Motivauswahl war groß bei mir. Was sollte ich mir tätowieren lassen? „Haupt-

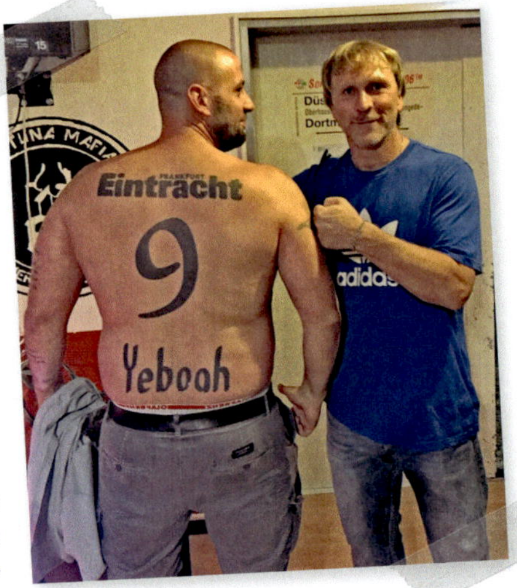

Eintracht-Fan mit ganz speziellem Tattoo und Ansgar

schule"? „Kein Titel", „0 Länderspiele"? „20 Jahre Abstiegskampf"? „Vor jedem Spiel betrunken"?

Ich habe sehr lange überlegt, und es ist dann nichts davon geworden. Ich habe mir folgenden Spruch tätowieren lassen: „Only God can judge me".

Wenn schon alle Spieler in der Bundesliga tätowiert sind, dann sollte sich vielleicht auch DFB-Chef Reinhard mal eins stechen lassen. Ich hätte da einen Motiv-Vorschlag: „DFB First – Fans Second".

Wenn ihn die Straße allerdings eines Tages erwischt, muss er sich keine Gedanken mehr über ein passendes Motiv machen. Dann bekommt er vermutlich ein Tattoo gratis, und zwar mitten auf die Stirn. Ich tippe auf: „Scheiß DFB"!

Cristiano Ronaldo ist der lebende Beweis, dass die Tattoostudien stimmen. Er ist einer der ganz wenigen Fußballer auf dieser Welt, der keine Tattoos hat. Vielleicht ist er deswegen der Beste und Fitteste. Cristiano verzichtet auf Tattoos, weil er regelmäßig Blut spendet, und in Spanien darf man das nicht tun, wenn man frisch tätowiert ist. Respekt dafür.

Vielleicht kann er sich auch einfach nicht für ein Motiv entscheiden. Wenn Cristiano sich alle seine Titel stechen lassen würde, dann müsste er sich wohl noch einen zweiten Körper dazu mieten.

September 02 2017

REISENDE SOLL MAN NICHT AUFHALTEN

#DomenicoTedesco **#ErzgebirgeAue** **#BenediktHöwedes** **#Schalke04**

Was hat Schalke-Trainer Domenico Tedesco eigentlich erreicht, bevor er in Gelsenkirchen unterschrieben hat? Er hat Erzgebirge Aue vor dem Abstieg aus der zweiten Liga gerettet. Immerhin … Erzgebirge Aue.

Benni Höwedes ist dagegen eine lebende Legende auf Schalke. Ein echter Typ, der vorangeht. Eine Identifikationsfigur. Weltmeister. Höwedes hat bei der WM 2014 als nur einer von drei deutschen Spielern jede Sekunde auf dem Platz gestanden. Und jetzt wird er von Tedesco rasiert mit den Worten: „Reisende sollte man nicht aufhalten!"

Höwedes' Reaktion war Weltklasse. Er hat gesagt, Reisende könne man schon aufhalten, wenn man denn will. Höwedes ist dann zu Juventus Turin gereist. Juve spielt Champions League. Ein ganz großer Spieler ist jetzt bei einem ganz großen Klub.

Und da wundert sich Domenico Tedesco, dass die Schalker Fans auf die Barrikaden gehen. So einfach rasiert man einen derart besonderen Spieler nicht nach 16 Jahren im Verein. Tedesco hat ein Eigentor geschossen, weil er versucht hat, sich in der Öffentlichkeit und intern durch das Abservieren einer Vereinsikone zu profilieren.

„Reisende soll man nicht aufhalten" – das sagt er zu einer Legende von Schalke 04, da raste ich aus. Wenn in meiner

Generation ein Vollpfosten von Trainer einen meiner Mitspieler derartig abserviert hätte, dann hätte das die Mannschaft schon am nächsten Morgen in der Trainerkabine geklärt. Der wäre so lange mit dem Kopf gegen seinen Spind geflogen, bis er wieder klar in der Birne ist.

Domenico Tedesco war ja mit Julian Nagelsmann in der Trainerausbildung und hat sogar als Bester abgeschnitten. Demut und Respekt standen offensichtlich beim Trainerlehrgang nicht im Stundenplan. Die Fußballlehrer-Urkunde kann er sich einrahmen und in die Küche hängen, die braucht kein Mensch.

Domenico Tedesco kann mich natürlich in Zukunft eines Besseren belehren, aber ich glaube, dass es schwierig wird, mit einer Profilneurose im deutschen Profifußball langfristig Erfolg zu haben.

September 23 2017

OBSZÖNE GESTEN

#DanielBaier #RalphHasenhüttl #FCAugsburg #RBLeipzig #DFB

Ich stelle eine Verrohung der guten Sitten in der Bundesliga fest. Daniel Baier vom FC Augsburg hat im Spiel gegen Leipzig den gegnerischen Trainer Ralph Hasenhüttl beleidigt. Nicht verbal, sondern mit einer sehr heftigen Selbstbefriedigungsgeste. Ich glaube, Daniel Baier war selbst schockiert von dem, was er da getan hat. Auch zwei Tage danach konnte er sich nicht erklären, welcher Teufel ihn in dieser Sekunde geritten hat.

Es kommt selten vor, aber ich muss den DFB in der Causa Baier mal loben. Daniel Baier hat eine saftige Geldstrafe bekommen, er muss 20.000 Euro zahlen und ist dazu auch noch für das nächste Spiel gesperrt. Versteht mich nicht falsch: Fußballprofis müssen nicht in allem Vorbild sein, aber Daniel Beyer hat den Bogen wirklich überspannt. So geht es nicht. Da sind viele Kinder im Stadion und am Fernseher, die müssen wir schützen.

Ich selbst habe zwar keine Kinder und bin da kein Experte, aber ich war in meinem Stamm- Waschsalon in Bielefeld, weil ich meine Klamotten schon drei Wochen anhabe und es mal Zeit für eine Wäsche war. Ich habe nur eine Jeans.

Da kam eben eine ganze Kindergartenklasse vorbei, 13 Kinder insgesamt. Die haben mich gefragt, warum ich im

Waschsalon bin. Ich habe ihnen erklärt, dass ich keine Waschmaschine habe. Die Kids haben alle mit dem Kopf geschüttelt und wir haben alle zusammen gelacht.

Diese Kinder müssen wir vor obszönen Gesten auf dem Fußballplatz schützen. Das gehört nicht ins Stadion, das gehört nicht auf den Platz.

Ich erinnere mich an ein Auswärtsspiel zu meiner Zeit bei Mainz 05: Wir haben 0:3 verloren und waren im Mannschaftsbus auf der Rückfahrt. Die Stimmung war echt schlecht. Irgendwann haben drei Spieler auf der Rückbank um die Wette onaniert. Und wer zuletzt kommt, musste das Bier bezahlen an der nächsten Raststätte. Der Unterschied, lieber Daniel Baier? Wir haben das nicht im Stadion gemacht vor laufenden TV-Kameras. Das haben keine Kinder mitbekommen.

Man muss manchmal auch Stil und guten Geschmack bewahren im Fußball. Allerdings gilt das für beide Seiten. Daniel Baier hat sich schon mehrfach für seine Geste bei Hasenhüttl entschuldigt. Der hat die Entschuldigung bis jetzt nicht angenommen. Es wird Zeit, Herr Hasenhüttl. Man muss dann auch mal Vorbild sein und nicht zu sehr Moralapostel.

Ralph Hasenhüttl hat noch einige Tage gebraucht, um Daniel Baiers Entschuldigung zu akzeptieren. Inzwischen ist der Vorfall ausgeräumt.

Oktober
14
2017

REGIONALBAHN

#VfLBochum #ChristianHochstätter #FelixBastians #FCGütersloh

Der VfL Bochum hat seinen Trainer Ismail Atalan rausgeschmissen und darüber hinaus auch noch seinen Kapitän suspendiert. Felix Bastians soll nicht damit einverstanden gewesen sein, dass die Mannschaft mit der Regionalbahn zum nächsten Zweitligaspiel nach Nürnberg fährt. Christian Hochstätter, Manager des VfL, findet die Regionalbahn völlig okay. Er meint, dass es einem Zweitligaspieler zuzumuten sei, in einen Regionalzug zu steigen. Da würde keinem ein Zacken aus der Krone fallen.

Mit der Regionalbahn von Bochum nach Nürnberg? Muss man da nicht 25-mal umsteigen, bevor man da ist? Da können die VfL-Profis ja noch froh sein, dass sie nicht nach Nürnberg segeln mussten. Da hätten sie drei Tage vor dem Spiel starten müssen. Anreise per Segelboot ist vermutlich die nächste Maßnahme des Managers, und wenn sich dann noch einer beschwert, dann müssen alle rudern. Das hat alles nur Vorteile. Es ist gut für die Umwelt und spart Kosten.

Die VfL-Legenden Dariusz Wosz, Ata Lameck und Peter Neururer lachen sich gerade vermutlich kaputt. Der VfL Bochum, selbsternannter Aufstiegskandidat, will mit der Nordwestbahn nach Nürnberg fahren. Ganz ehrlich, Anspruch und Wirklichkeit klaffen da schon ein bisschen auseinander, aber da kommt ihr bestimmt irgendwann selber drauf, ihr Opfer. Unfassbar.

Zum Auswärtsspiel geht es entweder Nonstop per Bahn oder Flugzeug oder im Mannschaftsbus. Ich habe mal beim FC Gütersloh gespielt. Wir hatten einen neuen Trainer, Hannes Linßen. Ausgerechnet bei seinem ersten Spiel habe ich die Abfahrt verpasst. Ich habe mich völlig im Tag vertan, kann ja mal passieren, und bin dann am folgenden Tag privat mit meinem Auto nachgereist.

Hannes Linßens einzige Reaktion: Er hat Manager Volker Graul gefragt, ob das normal sei, dass die Spieler hier am nächsten Tag privat anreisen. Im Gegensatz zu Bochums Kapitän Bastians war ich wenigstens im Kader und nicht suspendiert.

Lieber VfL-Manager Christian Hochstätter, euer Kapitän Felix Bastians ist ein echtes Kampfschwein, den werdet ihr noch brauchen. Und ihr wisst doch, wer die Nerven verliert, verliert das Spiel!

Kapitän Felix Bastians verließ den VfL Bochum in der Winterpause Richtung China. Wenig später musste Manager Christian Hochstätter den Verein verlassen. Der selbsternannte Aufstiegskandidat Bochum geriet zwischenzeitlich in akute Abstiegsgefahr und beendete die Saison als Sechster.

Oktober
28
2017

SPUCKEN

#SCFreiburg **#ArminiaBielefeld** **#EnergieCottbus** **#ChristianStreich**

Julian Schuster, der Kapitän vom FC Freiburg, ist im Stadion von Hertha-Fans angespuckt worden. Sein Trainer Christian Streich hat dazu ziemlich deutliche Worte gefunden: „Die sind halt nicht erzogen. Worte sind noch mal was anderes, aber spucken. Der, wo das macht, ist ein armer Kerl."

Spucken ist natürlich eklig, aber ich kann dem Ganzen trotzdem was Gutes abgewinnen. Wenn gegnerische Fans dich anspucken oder auspfeifen, dann lieben sie dich eigentlich. Dann haben sie Angst und Respekt vor deinem Talent.

Ich habe mal mit Arminia Bielefeld in Cottbus spielen müssen, und zwei Tage vorher hat mich ein Journalist einer Cottbuser Zeitung angerufen. Er wollte unter anderem wissen, ob ich mir vorstellen könne, irgendwann mal für Cottbus zu spielen und ob es da schon mal Anfragen gab. Ich habe ihm geantwortet, dass ich in Cottbus nicht mal tot überm Zaun hängen möchte.

Zwei Tage später haben wir dann in Cottbus gespielt. So viel Hass, so viel Wut – und das im Stadion der Freundschaft.

Als ich durch den offenen Spielertunnel gegangen bin, hat sich das angefühlt, als würde ich unter der Dusche stehen. Man hat mich von allen Seiten bespuckt und mit Bier übergossen. Das war eine extreme Situation, aber irgendwie fühlte sich das auch richtig cool an. Wir Spieler haben es auch cool gefunden, wenn der Gegner dich als Hurensohn beschimpft hat. Dann wussten wir, dass die Gegner Respekt und Angst haben. Nach dem Spiel war es dann meistens auch wieder ruhig. Wenn heute ein Spieler von Freiburg an der Eckfahne angespuckt wird, dann ermittelt gleich die Staatsanwaltschaft.

Lieber Christian Streich, ich mag Sie, ich liebe Sie sogar, weil Sie nicht nur Trainer, sondern auch Philosoph sind. Sie bereichern die Bundesliga. Aber wenn Sie in die Geisterbahn gehen, dann können Sie sich hinterher auch nicht beschweren, wenn es da dunkel und gruselig ist. Im Fußball geht's eben manchmal zur Sache, und dann gibt es auch mal aufs Maul und auf die Fresse.

November 04 2017

AUF DER SÜDTRIBÜNE

#BVB #FCBayern #HeleneFischer #AnaMariaCrnogorcevic

Es gibt Dinge im Leben, die muss man einfach mal gemacht haben:

Einmal im Leben sollte man ein cooles Auto gefahren sein.

Einmal im Leben sollte man sich auch mit Helene Fischer in einem Hotelzimmer einschließen und den Schlüssel aufessen.

Und einmal im Leben sollte man in Dortmund auf der Südtribüne gestanden haben.

Bei mir ist es im Spiel gegen die Bayern so weit. Da muss ich erst 48 Jahre alt werden, bis ich mal auf der größten Stehplatztribüne Europas stehen darf. Ich kenne sie nur aus der Spielerperspektive, wenn wir gegen Dortmund gespielt haben. Diese Tribüne macht so viel Alarm, dass du auf dem Platz dein eigenes Wort nicht verstehen kannst. Das ist nicht einfach, wenn du dich mit deinen Mitspielern absprechen musst.

Als Zuschauer bin ich eingeladen von Ana-Maria Crnogorcevic. Ana ist schweizerische Nationalspielerin und Rekordtorschützin, sie hat die Champions League gewonnen, und sie hat mich eingeladen, Dortmund gegen Bayern zu gucken – und das auf der Süd.

Ana ist mal ein richtiger Lichtblick. Sie kann nicht nur Fußball, sie könnte auch modeln. Und ich glaube, es wird sehr schwierig, dass ich mich unter diesen Umständen auf das Spiel Dortmund gegen Bayern konzentriere.

Es wird ohnehin nicht einfach. Ana ist nämlich Bayern-Fan. Und ich habe mir vorgenommen, die Bayern bei diesem Spiel

Ana-Maria Crnogorcevic und Ansgar auf der Südtribüne

definitiv richtig zu beleidigen. Beim ersten Foul werde ich schreien: „Der hat schon Gelb! Hol den vom Platz!" Danach: „Jupp Heynckes ins Altersheim! Uli in den Knast!"

Dortmund gegen Bayern, ich glaube, in den letzten fünf Pokalendspielen waren beide Mannschaften viermal beteiligt, und als wäre das alles nicht noch verrückt genug, sind sie schon wieder gegeneinander gelost worden. Da kann es ja eigentlich schon gar keine Überraschung mehr geben. So oft wie die sich auf dem Platz sehen, sehe ich meine Freundin im ganzen Jahr nicht.

Ana ist definitiv sehr mutig, sich als Bayern-Fan auf die Süd zu stellen. Ich habe sie gefragt, was sie macht, wenn Bayern ein Tor schießt und ihr den Rat gegeben, bitte nur innerlich zu jubeln.

Auf keinen Fall „Tor" schreien, weil wir auf der Süd nicht gegen alle 25.000 kämpfen können. Also Ana, reiß dich zusammen, sollten die Bayern in Führung gehen oder sogar das Spiel gewinnen. Alles andere wäre ziemlich ungesund.

November 25 2017

REVIERDERBY

#PeterBosz **#BVB** **#Schalke04**

Es ist mal wieder Derby im Pott: Borussia Dortmund gegen Schalke 04. Das Spiel der Spiele. Dann ist mal wieder für wenige Tage völlig egal, wie die Saison bisher gelaufen ist. Durch einen Derbysieg machst du dich unsterblich, nicht nur im Ruhrgebiet. Das Derby ist deshalb vielleicht sogar das Beste, was BVB-Trainer Peter Bosz passieren kann. Der BVB stand zunächst mit fünf Siegen am Stück super da und befindet sich jetzt im freien Fall. Bosz erinnerte mich dabei an den Akku meiner Bosch-Bohrmaschine: ziemlich leer.

Wenn die Schalker jetzt nach Dortmund fahren und das Spiel gewinnen, dann ist es für die so was wie der erste Titel in dieser Saison.

Borussia Dortmund macht mir mal richtig Sorgen, und wenn man sieht, dass jemand wie Aubameyang, der ja wirklich sehr extrovertiert ist, nach einem Tor in der Champions League nicht mal mehr jubelt, dann hat Peter Bosz ein richtiges Problem.

Lieber Peter Bosz, wenn ich du wäre, wäre ich lieber ich. Ich fürchte, zum Derby kannst du schon mal die Anhängerkupplung hinten ans Auto anbauen und deinen Wohnwagen mitbringen. Wenn das schiefgeht, mein Freund, kannst du gleich durchstarten Richtung Holland.

Das ist wie mit meiner Freundin. Die hat mir letztens auch gesagt, wenn ich nicht bald mal wieder ein Spiel bei ihr gewinne, dann fliege ich raus. Irgendetwas muss auch mal gut laufen. Wenn nämlich immer alles schlecht läuft, dann ist irgendwann Schluss mit lustig, dann bin ich raus. Und so ist es auch in Dortmund.

Grundsätzlich stellt sich die Frage: Was ist eigentlich mit den Holländern los? Mein großes Idol ist Johan Cruyff. Wenn der sehen könnte, was bei seinen Landsleuten im Fußball gerade alles schiefläuft, dann aber gute Nacht. Sie fahren mal wieder nicht zur WM, sie sind mit keinem Klub in der Champions League?

Ich kann nur hoffen, dass Dortmunds Holländer wenigstens Bock aufs Derby hat!

Das Derby sollte legendär werden. Der BVB lag schnell mit 4:0 vorne, verspielte den deutlichen Vorsprung aber noch. Naldo glich in der Nachspielzeit zum 4:4 für Schalke aus. Nach dem anschließenden Aus in der Champions League und einer weiteren Niederlage in Bremen wurde Peter Bosz nach nur einem halben Jahr auf der BVB-Bank gefeuert. Nachfolger wurde der erst eine Woche zuvor in Köln entlassene Peter Stöger. Am Ende der Saison schaffte es der BVB noch auf Platz vier, während Schalke Vizemeister wurde.

Dezember
01
2017

MAGATH IST FREI

#FelixMagath #EintrachtFrankfurt #Effzeh #China

Der chinesische Erstligist Shandong Luneng Taishan hat den Vertrag von Trainer Felix Magath nicht verlängert – obwohl er dort wirklich erfolgreich gearbeitet hat. Trotz der Entfernung höre ich gerade einige Spieler aufatmen und feiern. Versteht mich bitte nicht falsch: Felix Magath war als Spieler und Trainer megaerfolgreich. Er hat viele Titel geholt und einige Vereine, die wirklich am Arsch waren, vor dem sicheren Abstieg bewahrt und gerettet.

Über seine Methodik lässt sich allerdings streiten – Magath ist knallhart, manche sagen sogar unmenschlich. Unsere Karrieren haben sich nur kurz überschnitten. Magath übernahm Eintracht Frankfurt, als der Klub Thomas Sobotzik, Bernd Schneider und mich aus finanziellen Gründen verkaufen musste. Magath und ich hatten nur das ein oder andere Gespräch. Trainieren musste ich nie unter ihm, und dafür bin ich heute noch dankbar. Mein ehemaliger Frankfurter Mitspieler Jan Åge Fjørtoft berichtete mir nach meinem Wechsel, dass er unter Magath den Jakobsweg schon vor dem Frühstück läuft.

Eineinhalb Jahre war Felix Magath in China, das muss für die Spieler extrem hart gewesen sein. Der Körper ist wie ein Seismograf, er merkt sich alles. Hätte ich das unter Magath machen müssen, dann hätte ich nicht 20 Jahre als Profi spielen können. Mein ehemaliger Mitspieler Christoph Westerthaler hat mal gesagt: „Felix Magath kostet dich fünf Jahre deiner Karriere, mindestens."

Christoph hat unter Magath trainiert und sagte mal, dass Ötzi nicht in den Alpen erfroren wäre, wenn er vorher im Trainingslager bei Felix Magath gewesen wäre. Ötzi wäre vermutlich barfuß über die Alpen gelaufen – und weiter bis nach Afrika.

Wenn ich gerade Profi beim Tabellenletzten 1. FC Köln wäre, dann würde ich bei der Nachricht, dass Felix Magath wieder auf dem Markt ist, sofort damit anfangen, um mein Leben zu rennen. Wenn Köln jetzt noch zwei oder drei Spiele verliert, könnte der Klub auf die Idee kommen, Felix Magath zu verpflichten. Spätestens dann rennt jeder Spieler jeden Tag um sein Leben.

Stolze Adler

von Jan Åge Fjørtoft

Ich komme aus einem kleinen Dorf mit 900 Einwohnern. Für mich bedeutete Fußball immer Leidenschaft und Spaß. Spaß am Training und Spaß, als Einzelsportler im Team zu spielen. Dieses Gefühl habe ich immer bei mir, wo immer ich auch bin.

Bei Eintracht Frankfurt habe ich einen Mitspieler kennengelernt, der schnell zum Freund wurde und der dieses Gefühl voll aus mir herausgeholt hat. Ansgar Brinkmann ist einer dieser Menschen, die man sofort mag. Auf Englisch sagt man: „He is a free spirit." Er ist ein Freigeist!

In Frankfurt waren wir beide stolze Adler. Und Ansgar war der Adler, der am höchsten geflogen ist.

Zusammen haben wir das „Nicht-Abstiegs-Wunder" 1999 erlebt. Wir waren ein Team, weil wir viel gelacht haben. Trotz aller Nervosität war Spaß angesagt. Und Ansgar war natürlich einer der wichtigsten Akteure im Team, auf und außerhalb des Feldes.

Nie vergessen werde ich seinen Kommentar, als unser Trainer Jörg Berger mit einer neuen Hose in die Kabine kam. Berger hatte vergessen, das Preisschild zu entfernen. Alle Spieler hatten es gesehen, nur Berger nicht. Ansgar fragte: „Na, Trainer, wie teuer war denn die Hose?"

Legendär war auch das Auslaufen an einem Sonntag nach einer Bundesligapartie. Ansgar erzählte, dass er Samstagabend noch mit seinem guten Freund Jack Daniels unterwegs gewesen war.

Autogrammkarte des Frankfurter Kultkickers Jan Åge Fjørtoft aus der Saison 1999/2000.

Typen wie Ansgar sterben leider aus im heutigen Fußball. Der weiße Brasilianer ist ein Original, ein echter Straßenkicker. Ein Kicker, mit dem die Fans sich identifizieren können. Einer von uns.

Jan Åge Fjørtoft ist eine Frankfurter Fußballlegende. In 52 Spielen für die Eintracht machte der norwegische Nationalspieler 14 Tore. Das wichtigste erzielte er am 29. Mai 1999 im dramatischsten Abstiegsfinale der Bundesligageschichte. Kurz vor Schluss markierte Fjørtoft nach einem Übersteiger das 5:1 gegen den 1. FC Kaiserslautern. Dieses Spiel ging als „Wunder von 1999" in die Fußballgeschichte ein. Vor dem letzten Spieltag rangierte die Eintracht auf Abstiegsplatz 16. Durch den Last-Minute-Treffer von Fjørtoft zog die Eintracht nach Punkten und Tordifferenz mit dem 1. FC Nürnberg gleich. Frankfurt blieb in der Liga dank mehr erzielter Treffer. Die Frankfurter Nichtabstiegsmannschaft um Trainer Jörg Berger genießt noch heute Heldenstatus unter den Fans. Fjørtoft kommentierte damals nur trocken: „Jörg Berger hätte auch die Titanic gerettet." Heute arbeitet Jan Åge Fjørtoft als TV-Experte in Norwegen, England und Deutschland.

DER GLÄSERNE SPIELER

#PSG **#EintrachtFrankfurt** **#JamieVardy**

Paris Saint-Germain lässt seine Profis im Weihnachtsurlaub überwachen. Und zwar nicht mit Privatdetektiven, die aufpassen, dass die Spieler nicht zu viel essen und trinken, sondern ganz modern per GPS. Kein PSG-Spieler kann privat irgendwo hingehen, ohne dass es der Verein weiß. Egal, wo sie hingehen; ob sie sich mit ihrer Frau treffen oder mit der Geliebten, der Verein weiß Bescheid. Für mich grenzt das an Freiheitsberaubung. GPS-Überwachung bekommen normalerweise nur Kriminelle.

Der englische Topstürmer Jamie Vardy hatte mal Fußfesseln. Aber der war auch wegen Körperverletzung verurteilt. Dass jetzt schon Spieler, die nichts verbrochen haben, per GPS überwacht werden – das ist nicht mehr mein Fußball. Das braucht kein Mensch.

Ich wurde zu meiner Zeit ganz anders überwacht. Am Abend vor 'nem Spiel klingelte auf einmal mein Festnetztelefon, so gegen 23 Uhr. Es war mein Trainer, der wissen wollte, wie es mir geht. Das war natürlich nur ein Vorwand. Eigentlich wollte er nur wissen, ob ich zuhause bin. Ich bin damals erst nach dem Anruf meines Trainers losgezogen, weil danach keine Kontrolle mehr möglich war. Handys gab es noch nicht.

Wenn mein Verein mich damals per GPS überwacht hätte, dann hätten sie in den Nächten vor Punktspielen oft sehr aufschlussreiche Daten bekommen. Ich erinnere mich an ein Heimspiel mit Eintracht Frankfurt, vor dem ich nach dem Abschlusstraining 650 Kilometer gefahren bin, um eine Frau zu treffen. Am darauffolgenden Tag traf sich die Mannschaft um zehn Uhr, weil wir ja um 15:30 Uhr ein Bundesligaspiel hatten. Mit einem GPS wäre rausgekommen, dass ich nicht geschlafen hatte, sondern 1.300 Kilometer gefahren war und die Nacht vor einem Bundesligaspiel in einer ganz anderen Stadt verbracht habe.

Die Fußballer von heute tun mir echt leid. Früher wurden sie von Mama überwacht, jetzt macht es das GPS-System vom Verein. Leute, ganz ehrlich, das macht mir Angst.

PEITSCHE FÜR DEN HSV

#HSV #DynamoDresden #HeribertBruchhagen

Der HSV ist im Abstiegskampf – mal wieder. Aber in diesem Jahr habe ich wirklich Angst um die legendäre Uhr im Volksparkstadion. Sie zeigt die Zeit an, seitdem der Hamburger SV in der Bundesliga spielt, also seit 1963, vom ersten Tag an. Der Hamburger SV ist noch nie abgestiegen. Aber dieses Mal befürchte ich, dass die Uhr stehen bleiben wird. Und nicht nur mir geht es so, sondern auch den Fans.

Nach der HSV-Niederlage im Derby gegen Bremen ist einer komplett ausgetickt. Er heißt Timo Sievert, bezeichnet sich selbst als „lautester Feuerwehrmann Deutschlands" und hat 'ne Riesen-Fangemeinde im Netz. Seinem HSV hat er ein elfminütiges Video gewidmet und dem Trainerteam geraten, die Spieler mit Peitschen über den Trainingsplatz zu jagen.

Fans drehen im Abstiegskampf manchmal durch. Das durfte ich in Dresden erleben. Die haben mich geholt für den Abstiegskampf. Mein ganzes Leben ist Abstiegskampf. Dynamo Dresden war Tabellenletzter, hatte die rote Laterne, als sie mich geholt haben. Beim ersten Training ist sofort ein Fan zu mir gekommen und hat gesagt: „Ey, Wessi, was ist mit dir los? Du warst jetzt ein Jahr verletzt, du bist 35 Jahre alt, was willst du hier? Du hast doch wohl nicht alle Tassen im Schrank. Weißt du, was passiert, wenn wir hier absteigen? Dann hauen wir dir aufs Maul!" Klare Ansage.

Ich hab ihn beiseite genommen und zu ihm gesagt: „Ich weiß nicht, welche Schuhgröße du hast, aber wenn dir meine Schuhe passen, dann kannst du ja für mich spielen, du Penner!"

Wir sind mit Dynamo vom 18. auf den achten Platz geklettert. Und auf einmal war dieser Fan wie ausgewechselt. Ich habe mit ihm danach eine Menge Bier trinken dürfen, müssen.

Trainer reagieren im Abstiegskampf manchmal anders. Ich erinnere mich an einen Trainer, der mir sagte: „Ansgar, wenn du hilfst, dass der Klub hier nicht absteigt, dann kannst du ein Jahr lang machen, was du willst." Darüber habe ich kurz nachgedacht und festgestellt: Wenn ich dabei helfe, nicht abzusteigen, ändert sich ja nichts für mich. Ich mache sowieso immer, was ich will.

Fürs Protokoll: Wir sind abgestiegen … Ich kann ja nicht alle retten.

Noch eine kleine Message an meinen Freund HSV-Chef Heribert Bruchhagen: Heri, wenn der HSV absteigt, kann ich dann die Stadionuhr für meinen Garten haben?

Der HSV war in dieser Saison nicht mehr zu retten und stieg am 12. Mai 2018 um 17:37 Uhr trotz eines 2:1-Sieges gegen Borussia Mönchengladbach erstmalig in der Bundesligageschichte ab. Die Stadionuhr blieb nach 54 Jahren, 261 Tagen, 36 Minuten und 6 Sekunden stehen. Heribert Bruchhagen erlebte den historischen Abstieg nicht mehr als HSV-Chef. Er wurde im März 2018 entlassen. Die Stadionuhr steht auch deshalb nicht in Ansgars Garten. Sie ist immer noch fester Bestandteil des Volksparkstadions und zeigt nun die Zeit seit der Vereinsgründung 1887 an.

DER PRÄSI DREHT DURCH

#PAOK **#Mainz05** **#HaraldStrutz** **#HSV** **#TeBe**

Der Präsident des griechischen Erstligisten PAOK Thessaloniki ist völlig durchgedreht. Ivan Savvidis ist in den Schlussminuten eines wichtigen Spiels auf das Spielfeld gerannt, weil ihm eine Schirientscheidung nicht gepasst hat. Am Gürtel trug er einen Revolver. Er musste von seinen eigenen Securityleuten davon abgehalten werden, die Knarre zu ziehen. Dass Präsidenten bewaffnet den Fußballplatz stürmen, hat es in Europa definitiv noch nicht gegeben.

Ich hatte auch schon einige merkwürdige Präsidenten. Als ich bei Tennis Borussia Berlin gespielt habe, hatten wir die teuerste Mannschaft, die es bis dahin in der zweiten Liga gegeben hat. Da ist der Präsident auch schon mal mit einem Hubschrauber ins Trainingslager geflogen, und beim gemeinsamen Frühstück hat eine Blaskapelle gespielt. Da habe ich wirklich gedacht, ich bin im Urlaub. Fakt ist, nach einem Jahr musste der Präsident das Land fluchtartig verlassen, komplett pleite, TeBe war ruiniert.

Harald Strutz war mein Präsident in Mainz und im Hauptberuf Anwalt. Er war mein Lieblingspräsident. Das hat natürlich auch mit seinem Job zu tun. Er hat mich und einige meiner Mitspieler öfter mal davor bewahrt, dass man uns wegsperrt. Ein Toptyp.

Ein Mitspieler hat mich mal nachts um halb drei angerufen und gesagt: „Ansgar irgendwas stimmt hier nicht." Im Hintergrund nur Sirenen. Mein Mitspieler war total verwirrt und sagte: „Ansgar, warum liegt mein Porsche auf dem Dach?" Ich sagte nur: „Hey, du musst da jetzt ganz schnell weg!" Das hat er dann auch gemacht. Mein Mitspieler war dann zwei Tage lang verschollen, er ist unter Schock zwei Tage durch den Wald geirrt.

Rechtliche Konsequenzen hatte die ganze Geschichte am Ende nicht. Wer hat es geregelt? Harald Strutz, der Präsident von Mainz 05. Der braucht keine Knarre, um sich Respekt zu verschaffen, wie dieser Präsident von PAOK Thessaloniki.

Ich habe gehört, dass der Hamburger SV an einem Transfer des griechischen Präsidenten interessiert ist. Man hat sich in Hamburg offenbar gesagt, dass es vielleicht in Zukunft die einzige Chance ist, dass man mal ein Spiel gewinnt, wenn der Präsi mit der Knarre auf den Platz läuft!

BAYERN-TRAINER

#JuppHeynckes **#FCBayern** **#ThorstenLegat**

Der FC Bayern wird zum sechsten Mal hintereinander Deutscher Meister. Der sechste Titel in Serie. Und das Allerschlimmste: Es ist erst März! Trainer Jupp Heynckes ist völlig egal, ob er diese oder nächste Woche Meister wird, aber für den Rest der Liga ist das schon ziemlich deprimierend. Die Bayern spielen inzwischen in einer eigenen Liga.

Trainer beim FC Bayern zu sein bedeutet inzwischen gleichzeitig, dass du fast automatisch Deutscher Meister wirst.

Die große Frage lautet jetzt: Wer wird Nachfolger von Jupp Heynckes, wenn der zum Saisonende in Rente geht? Da gibt es nicht nur einen gut bezahlten Job, sondern auch 'ne Titel-Garantie.

Den ersten Platz haben die Bayern jetzt seit sechs Jahren exklusiv, und das nervt alle anderen ein bisschen. Was kann man also tun, damit die Liga mal wieder spannend wird?

Ich schlage vor, dass der FC Bayern in der kommenden Saison einfach auf einen Trainer verzichtet! Karl-Heinz Rummenigge und Uli Hoeneß treffen sich eine Stunde vor jedem Spiel in der Kabine und würfeln die Aufstellung aus. Die Wahrscheinlichkeit ist dann zwar trotzdem immer noch groß, dass der FC Bayern Deutscher Meister wird. Vielleicht nicht wieder im März, sondern doch erst im April.

Was kann man also tun, damit die Bayern ausnahmsweise nicht Meister werden? Damit endlich mal wieder was los ist in der Liga? Da kommen als Trainer nur Typen in Frage, die es garantiert nicht hinkriegen.

Wie wäre es mit Thorsten Legat? Ich bin mir sicher, dass der Großteil des internationalen Bayern-Kaders nicht mal ansatzweise etwas versteht, wenn Thorsten eine Rede in der Kabine hält. Leider ist Legat deswegen von vornherein als Bayern-Trainer ausgeschlossen. Uli Hoeneß hat nämlich schon gesagt, dass der neue Trainer auf jeden Fall Deutsch sprechen muss, und da sehe ich schon Schwierigkeiten bei Thorsten. Kasalla!

Ich habe lange darüber nachgedacht, wen man dem FC Bayern als Trainer aufs Auge drücken kann, der garantiert maximal Zweiter wird. Es muss einer sein, der noch nie in seinem ganzen Leben was gewonnen hat. Einer mit Titelallergie. Nach langer Überlegung ist mir eingefallen: Das bin ja ich!

Also, liebe Bayern, wenn ihr mich als Trainer verpflichtet, ist die Chance groß, dass ihr einfach mal Zweiter werdet, weil ich wirklich noch nie was gewonnen habe. Die Bundesliga wird es euch danken. Und die Spieler auch, denn meine Kabinenpartys sind besser als jede Bayern-Meisterfeier. Versprochen!

Bei aller Langeweile in der Bundesliga durch den FC Bayern muss man eins aber auch fairerweise erwähnen: Diesen Erfolg kriegt der FC Bayern nicht geschenkt.

Dafür arbeiten sie hart Jahr für Jahr, und irgendwas machen sie besser als alle anderen.

SNUS

#MarcoReus **#HannesLinßen** **#HeikoBonan** **#FCGütersloh**

Die Bundesliga hat ein Drogenproblem: Fast ein Viertel aller Bundesligaspieler soll regelmäßig Snus nehmen. Snus, hört sich erst mal harmlos an, ist aber eine Droge. Der Verkauf ist in Deutschland sogar verboten, der Konsum allerdings nicht. Snus ist hochkonzentrierter Tabak, er macht dich hellwach, wenn du Fußball spielen musst. Man legt sich so ein Stückchen Snus unter die Ober- oder Unterlippe und lässt es einfach 15 bis 60 Minuten im Mund.

Gerüchten zufolge sollen sogar Topstars wie Marco Reus ab und an zu Snus greifen. Auf Instagram gibt es ein Foto von Reus mit einer Dose Snus. Die Frage ist: Warum? Hat er, als er damit angefangen hat, geglaubt, einen Führerschein zu haben? Lieber Marco Reus, du brauchst so einen Mist nicht, du bist auch ohne Snus ein Weltklassefußballer. Scheiß doch auf diesen Dreckstabak.

Wenn ich früher vor einem Spiel einen Kick brauchte, dann habe ich mir eine eiskalte Coke reingezogen – und vielleicht hatte ich in der Nacht vor einem Spiel noch Sex, das war meine Art des Dopings.

Zu meinen Zeiten haben Spieler Tabak nicht gekaut, sondern geraucht, und das nicht zu knapp. 90 Prozent meiner Mitspieler waren Raucher – das ist kein Witz. Ich gehöre zu den anderen zehn Prozent, die noch nie eine Zigarette geraucht

April
14
2018

haben. Vielleicht war das ein Fehler. Vielleicht hätte ich auch mal einen Titel gewonnen, wenn ich geraucht hätte.

In Gütersloh hatte mein Trainer Hannes Linßen häufiger Probleme mit rauchenden Spielern. In der Halbzeitpause hat er häufig seinen Kapitän Heiko Bonan gesucht. „Wo ist der Bonan?“, hat er dann gerufen. Ich habe mal kurz nach rechts geschaut, und da kam schon die Rauchwolke aus dem Duschraum. Da habe ich zu Hannes Linßen gesagt: „Trainer, Heiko ist in der Räucherkammer.“ Heiko Bonan hat in jeder Halbzeit seine Zigarette geraucht, und irgendwann hatte sich Hannes Linßen dran gewöhnt.

In Skandinavien ist Snus übrigens das Normalste von der Welt. Es ist legal, viele Fußballer und Eishockeyspieler konsumieren es dort vor Spielen. Dabei spielt es offenbar keine Rolle, dass das Zeug süchtig macht, krebserregend ist und Kiefer und Zähne angreift.

Dieses Zeug braucht kein Mensch, um Sport zu treiben.

DER DRITTE TORWART

#1Live #PreußenMünster #VladoKasalo #Mainz05

Daniel Danger, der Spaßreporter von 1Live, will ernsthaft als dritter Torwart zur WM nach Russland. Ein bisschen halten kann er. Er hat die ganze Stadt Mönchengladbach herausgefordert, gegen ihn Elfmeter zu schießen. Er hat mehr gehalten, als er reinbekommen hat, u. a. auch einen Elfer von einem echten Weltmeister. Das wird sich Christoph Kramer wohl noch 'ne Weile anhören müssen von seinen Mannschaftskameraden.

Was muss ein dritter Torwart wirklich können? Ganz ehrlich, wenn einer fehlt beim Doppelkopf, dann muss er einspringen. Er muss Pizza bestellen, Wasser auf den Platz tragen. Bier holen muss er auch. Das sind ganz wichtige Aufgaben, weil das zur Moral des ganzen Teams beiträgt, wenn der dritte Torwart gute Laune hat. Torhüter und Linksaußen, das weiß man ja schon länger im Fußball, haben meistens einen an der Waffel.

Ich kann mich an ein Wintertrainingslager mit Preußen Münster erinnern. Draußen 18 Grad Minus, und es lag Schnee. Mein Trainer meinte, dass man unter solchen Bedingungen unmöglich trainieren könne. Dann fragte er: „Wer von euch kann Klavier spielen?" Im Mannschaftshotel stand ein Flügel. Und wer hat sich als Einziger gemeldet? Der Typ mit den Handschuhen, mein Torwart. Es gibt Leute, die können auf dem Klavier spielen, und andere müssen es tragen. Und mein

Torwart, der konnte darauf spielen. Halten konnte er nicht, aber Klavier spielen.

Stefan Kuhnert war mein Torwart in Mainz. Mitten im Spiel sagte er bei einer Ecke gegen uns: „Ansgar, wenn du den ins eigene Tor köpfst, kriegst du einen Hunni von mir." Stefan Kuhnert hat mich also indirekt aufgefordert, ein Eigentor zu köpfen. Mir ist das nicht gelungen. Den Job hat dann mein Mitspieler Vlado Kasalo übernommen. Den hatten wir aus Nürnberg geholt. Kasalo war ein begnadeter Fußballer und hat sogar für die Weltauswahl gespielt. Er hatte einen Weltklasse-Kopfball. In Nürnberg war er wegen zu vieler Eigentore unter Betrugsverdacht gefeuert worden. Kasalo hat schließlich das Eigentor gemacht und gesagt: „Kann nix dafür, kann passieren."

Zwei Tage später fuhr er mit seinem Auto sehr schnell übers Trainingsgelände, die Polizei hinterher. Als ich dazukam, hatte er die Hände schon auf dem Dach des Polizeiwagens und wurde erst mal durchsucht. Warum, wieso, weshalb ... man weiß es nicht.

Daniel Danger kann zwar nicht professionell halten, aber er hat eine Kernkompetenz, die unser Bundestrainer liebt. Er holt das Maximum aus sich heraus und hält dabei die Fresse. Das reicht für die WM.

Vlado Kasalo wurde nie nachgewiesen, dass er in Nürnberg absichtlich ins eigene Tor traf. Viel spricht dafür, dass Kasalo einfach nur Pech hatte. Otto Rehhagel kommentierte damals ein Eigentor, das Kasalo mit dem Hinterkopf in den Torwinkel erzielte: „Wenn das Absicht war, dann kann er im Zirkus auftreten."

WHATSAPP-GATE

#KeanuStaude **#FabianKlos** **#ArminiaBielefeld**

Keanu Staude, Fußballprofi bei Arminia Bielefeld, hat für einen dicken Skandal in der zweiten Liga gesorgt. Via WhatsApp hat er Mitspieler durchbeleidigt, unter anderem auch Fabian Klos, Rekordtorschütze und Aushängeschild von Arminia Bielefeld. Staude hat Klos sogar als „Hurensohn" bezeichnet.

Das Ganze ist in einer privaten Whatsapp-Gruppe Staudes komplett eskaliert. Seine Äußerungen muss dann wohl ein Gruppenmitglied der „Bild"-Zeitung zugesteckt haben – und zack, da haben wir den Skandal. Wie konnte das passieren? Was hat Keanu denn für Freunde, die offenbar nichts Besseres zu tun haben, als höchstsensible Nachrichten an die „Bild" weiterzugeben? Darüber würde ich aber mal nachdenken, mein lieber Freund!

Die „Bild" lässt sich so was natürlich nicht entgehen, obwohl die Beleidigungen Staudes schon vor über einem halben Jahr passiert sind. Und irgendwas bleibt immer hängen, was einen Spieler bis zum Ende der Karriere und darüber hinaus verfolgen kann.

Ich war auch mal ein junger Spieler. Damals gab es WhatsApp noch nicht, aber ich hatte einen Anrufbeantworter. Ich habe dann einfach auf meinen Anrufbeantworter gesprochen, dass ich jeden Abend bis morgens um fünf Uhr in meiner Stammkneipe in Münster zu erreichen bin. Das hat die „Bild"-Zeitung übrigens auch aufgegriffen, und es verfolgt mich bis heute!

Mai
12
2018

Fabian Klos – schon jetzt eine Bielefelder Legende.

Liebe „Bild", danke noch mal dafür, ihr Asis!

Keanu Staude ist ein ganz junger Spieler, der auch mal Fehler machen darf. Die „Bild" hat schon viele Karrieren zugrunde gerichtet, bevor sie so richtig begonnen haben. Lasst diesen Jungen bitte in Ruhe. Ich hoffe, Keanu Staude lernt aus diesem Skandal. Nicht nur, dass er sich seine „Freunde" besser aussucht, sondern auch etwas in Sachen Respekt.

Als junger Spieler hatte ich auch Probleme mit älteren Spielern. Und ich habe auch alle durchbeleidigt: Spieler, Trainer, sogar Sponsoren. Aber ich habe es nicht hinter ihrem Rücken getan, sondern ich habe es ihnen ins Gesicht gesagt: face to face. Wenn ich ein junger Spieler bin und der einzige Eintrag auf meiner Autogrammkarte ist, dass ich 21-mal Geburtstag hatte, dann darf ich ruhig ein bisschen mehr Respekt haben vor einem Spieler, der Rekordtorschütze von Arminia Bielefeld ist, vor Fabian Klos.

Wenn du als junger Spieler Respekt in einer Mannschaft haben willst, dann sag jedem, dem du was zu sagen hast, die Wahrheit ins Gesicht!

Keanu Staude hat sich direkt nach dem Vorfall bei Fabian Klos entschuldigt. Für Arminias Rekordtorschützen war die Sache ebenfalls erledigt: Er werde diese Geschichte zwar nie vergessen, habe Staude aber definitiv verziehen, sagte Klos.

ERDOGAN

#IlkayGündogan **#MesutÖzil** **#EintrachtFrankfurt**

Ilkay Gündogan und Mesut Özil waren vor der WM zu Besuch beim türkischen Präsidenten Erdogan. Alle, wirklich alle Moralapostel, die wir in unserem Land haben, sind danach auf die Barrikaden gegangen. Jogi Löw hat die beiden in Schutz genommen und gesagt, dass der Medien-Shitstorm eine Lehre für Gündogan und Özil war.

Grundsätzlich ist so ein Besuch kein Weltuntergang, wie ich finde. Nur der Zeitpunkt, Erdogan Guten Tag zu sagen, war vielleicht nicht so günstig gewählt. Nach der WM hätte es wohl die wenigsten interessiert.

Es macht schon einen merkwürdigen Eindruck, wenn deutsche Nationalspieler mit türkischen Wurzeln einem fremden Staatsoberhaupt huldigen. Das ist ein bisschen so, als wenn alle VW-Arbeiter morgen mit einem japanischen Fahrzeug zur Frühschicht kommen. Oder alle Mitarbeiter bei Dr. Oetker in der Mittagspause eine Wagner-Pizza bestellen. Das ist unglücklich.

Man muss als Fußballer immer aufpassen, wenn man sich mit Politikern einlässt. Aber es kann auch ganz harmlos und freundlich laufen: Als ich bei Eintracht Frankfurt gespielt habe, bin ich mal von Finanzminister Hans Eichel eingeladen worden. Ich habe ihn dann irgendwann mal nach 'nem Job gefragt, weil mir damals schon klar war, dass ich bei meinem Lebenswandel garantiert nach der Karriere noch arbeiten muss. Damit habe ich wohl recht behalten.

Ich habe Hans Eichel gefragt, ob ich bei ihm in der Abteilung arbeiten kann, wo das Geld gedruckt wird? Da hat der zu mir gesagt: „Ansgar, diese Abteilung habe ich selber noch nie gesehen."

Emre Can hat alles richtig gemacht. Er hat das Treffen mit Präsident Erdogan in London abgesagt. Ich kenne seine Gründe nicht, aber ich glaube, man kann sagen: Wenn jemand Menschenrechte mit Füßen tritt wie Erdogan, dann kann man ihm auch mal absagen. Respekt vor Emre Can.

Liebe Politiker, liebe Präsidenten, habt ihr nicht genug zu tun, dass ihr euch auch noch in den Fußball einmischen müsst? Lasst uns Fußballer doch einfach in Ruhe. Fußball soll uns unterhalten, nicht mehr und nicht weniger.

KLOPP VS. REAL

#JürgenKlopp #FCLiverpool #RealMadrid #Mainz05 #ChristianHeidel #ChampionsLeague

Mein Freund Jürgen Klopp hat es zum zweiten Mal in seiner Trainerkarriere ins Finale der Champions League geschafft. Sein erstes Spiel hat er mit dem BVB gegen die Bayern verloren. Jetzt trifft Kloppo mit dem FC Liverpool auf Real Madrid. Das ist total verrückt.

Als ich mit ihm zusammengespielt habe in Mainz, da haben wir gemeinsam überlegt, wie wir die Klasse halten – in der zweiten Liga. Jetzt spielt Kloppo im Konzert der ganz Großen eine Hauptrolle. Da hat sich einiges verändert.

Christian Heidel, heute Manager auf Schalke, hatte Jürgen Klopp damals zu mir aufs Zimmer beordert, damit er auf mich aufpasst. Jürgen hat damals schon an die Karriere nach der Karriere gedacht und ein Studium angefangen.

Abends vor dem Spiel las er Bücher, ich habe Fernsehen geguckt. Das ist eben so, wenn ein Studierter auf Hauptschule trifft. Irgendwann habe ich ihn dann gefragt, was er da mache. Da hat Kloppo gesagt: „Ansgar, du weißt schon, dass ich studiere?" Und ich habe geantwortet: „Das ist 'ne super Idee, Kloppo, mit Fußball wird das bei dir nämlich nix mehr."

Da lag ich wohl etwas daneben.

Immerhin hat die gemeinsame Zeit mit Kloppo in einem Zimmer dazu geführt, dass ich nur noch dreimal die Woche morgens um fünf Uhr nach Hause gekommen bin.

Was macht Jürgen Klopp eigentlich mit der Prämie, wenn er die Champions League gewinnt? Neue Haare hat er schon und neue Zähne auch.

Ansgar und Dr. Bob

Ich bin ja dann irgendwann mal nach Australien in den Dschungel zu Dr. Bob gezogen. An dem Tag, als die „Bild" bekanntgab, dass ich ins Dschungelcamp gehe, haben mir viele Freunde und Bekannte geschrieben. Da kamen Nachrichten wie: „Ansgar, bist du verrückt? Das kannst du nicht machen, das ist nicht gut für das Image." Ich habe dann nur zurückgefragt: „Welches Image?"

Um Mitternacht kam eine WhatsApp-Nachricht von meinem Freund Jürgen Klopp: „Weltklasse, mein Freund, ich schaue jede Folge!"

Das hat mir dann schon ein bisschen Sorgen gemacht. Ich habe mich echt gefragt, was Kloppo da in Liverpool den ganzen Tag macht, wenn er Zeit fürs deutsche Dschungelcamp hat. Hat er nichts zu tun?

Wie wir alle wissen, hat er gut zu tun in Liverpool und er hat es ins Finale der Champions League geschafft. Liverpool gegen Real Madrid. Jeder, der Kloppo kennt, weiß, was gerade in ihm vorgeht.

Wer nur in seine Nähe kommt, der brennt, den zündet er an mit seiner Leidenschaft.

Ich hoffe, dass der FC Liverpool genauso brennt wie Kloppo, dann bin ich mir sicher, dass Liverpool als Sieger aus diesem Spiel hervorgeht.

Kloppo, hol dir den Pott!

Leider wurde nichts aus dem ersten Champions-League-Titel für Jürgen Klopp. Im Finale unterlag er mit den Reds gegen Real Madrid mit 1:3. Der FC Liverpool brannte zwar, musste aber nach einem üblen Foul von Reals Sergio Ramos früh auf seinen Toptorjäger Mo Salah verzichten. Zwei Blackouts von Liverpools Torwart Loris Karius und ein Traumtor von Reals Gareth Bale besiegelten Kloppos zweite Finalniederlage in der Königsklasse.

LEROY SANÉ

#LeroySané **#JogiLöw** **#Nationalmannschaft** **#WM** **#DonaldTrump**

Wer hätte bei der WM in Russland mit dem Finale Frankreich gegen Kroatien gerechnet? Okay, die Franzosen musste man auf dem Schirm haben, aber die Kroaten? Wenn ich darauf vor der WM einen Zehner gesetzt hätte, dann hätte ich mir jetzt ein neues Auto kaufen können.

Die deutsche Mannschaft war hingegen die Lachnummer des Turniers. „Die Mannschaft" – alle waren wirklich baff, dass es jetzt nicht mal mehr für Südkorea reicht. Und wir müssen noch mal festhalten: Südkorea war besser als wir, die haben uns verdient besiegt. Ich war live dabei im Stadion in Kasan, um unsere Jungs zu unterstützen.

Was ich sehen musste, war mutlos, kraftloses, ideenlos. Das war nicht „Die Mannschaft", die ich kenne. Man kann ja mal ein Spiel verlieren, wer weiß das besser als ich? Es kommt aber immer drauf an, wie man verliert.

Was ich aber noch viel schlimmer finde: Viele unserer Spieler wirkten auf mich arrogant. Die haben den Zuschauern das Gefühl gegeben: „Hey, seid mal froh, dass ich überhaupt für die deutsche Nationalmannschaft spiele." Ich an ihrer Stelle hätte alles dafür gegeben, um nur einmal das Trikot mit dem Adler zu tragen, erst recht eine WM spielen zu dürfen.

Ich möchte wieder eine Mannschaft sehen mit Spielern, die mir signalisieren, dass es eine Ehre ist, für Deutschland zu spielen.

Bei allem Frust gibt es aber keinen Grund, jetzt rumzuheulen wie Neymar. Was wir jetzt brauchen, sind Spieler, die eins gegen eins spielen können, die mal ein oder zwei Gegner stehen lassen und das auch dürfen. Das muss der Bundestrainer einfach wieder zulassen.

Wenn ein solcher Spieler dann vielleicht auch mal nicht stromlinienförmig wie die anderen ist, so wie Leroy Sané, dann muss er gefördert werden.

Sané spielt in England in der stärksten Liga der Welt. Er ist Leistungsträger bei Manchester City. Er wurde zum besten Nachwuchsspieler der Liga gewählt. Und trotzdem durfte er nicht mit zur WM.

Ganz ehrlich, der Bundestrainer hat vier oder fünf Psychologen in seinem Trainerteam, dazu noch gefühlte acht Co-Trainer. Es ist euer verdammter Job, einen begnadeten Fußballer wie Leroy Sané so hinzukriegen, dass er in der Nationalmannschaft funktioniert und seine Leistung abruft. Für nichts anderes seid ihr da. Ihr könnt ihn doch nicht mit dem Argument nach Hause schicken, er sei jung und habe noch mindestens zwei Weltmeisterschaften vor sich.

Wenn ich gewinnen will, dann nehme ich die Stärksten mit, das gilt gleichermaßen auf der Straße und in der Nationalmannschaft.

Aber was regen wir uns auf? Letztlich ist es nur Fußball, grandiose Unterhaltung zwar, wenn es gut läuft – aber nur Fußball. Das frühe Aus der Nationalmannschaft macht mir keine Angst. Donald Trump macht mir wirklich Angst.

ZWEITE LIGA – GEILSTE LIGA

#HSV **#Effzeh** **#FCBayern**

Wenn am Wochenende die zweite Liga wieder startet, dann ist das Fußballtradition pur! Hamburger SV, 1. FC Köln, 1. FC Magdeburg, Dynamo Dresden, Arminia Bielefeld, FC St. Pauli, VfL Bochum, Darmstadt 98. Leute, die zweite Liga ist ein Brett!

Den beiden Absteigern aus der ersten Liga, dem 1. FC Köln und dem Hamburger SV, kann man nur einen Tipp geben: In der zweiten Liga könnt ihr nicht im Mittelfeld in Ruhe den Ball annehmen, da gibt es sofort richtig auf die Socken. Da musst du von Anfang an den Kampf annehmen, sonst nützt es dir auch nichts, dass du 30 Millionen mehr auf dem Konto hast als die anderen. Ehrliche Arbeit ist da gefragt.

Etwas Sorgen mache ich mir um den Busfahrer des HSV. Ich hoffe mal, der hat sein Navi schon umgestellt, sonst findet er Heidenheim nicht. Umgekehrt freue ich mich auch schon, wenn Heidenheim oder Sandhausen im Volksparkstadion zu Gast sind. Die fünf Leute, die da mitfahren, haben bestimmt ein Plakat dabei, auf dem steht: „Wenn wir nicht hier wären, hättet ihr heute gar kein Spiel!"

Während die erste Liga dann wieder vor Langeweile vor sich hindümpelt, gucke ich mir die Liga an, in der ich zuhause war – die zweite Liga. Vermutlich hat der FC Bayern im Winter mal wieder 25 Punkte Vorsprung vor den ganz großen Traditionsvereinen Hoffenheim und Red Bull Leipzig und wird im Februar Meister. Dann merken vielleicht auch die Letzten, wo wirklich spannender Fußball geboten wird. Spätestens dann kümmern wir uns alle um die geilste Liga der Welt – die zweite Liga.

Und wenn noch wirklich der allerletzte Mensch da draußen wissen möchte, warum die zweite Liga richtig geil ist: **Kinder, die in diesem Sommer eingeschult werden, kennen nur den FC Bayern als Deutschen Meister. Da ist die Kindheit schon mal im Arsch!**

Ich fürchte nur, wenn die Nationalmannschaft so weiterspielt, dann wird die zweite Liga aufgestockt. Dann spielt das DFB-Team auch in der zweiten Liga – wahrscheinlich gegen den Abstieg!

KLEIN GEGEN GROSS

#FCBayern #DrochtersenAssel #HSV #TuSErndtebrück

Ich liebe den DFB-Pokal. Mir geht jedes Mal das Herz auf, wenn ich sehe, wie sich die Kleinen bei der Auslosung freuen, wenn sie auf den FC Bayern treffen. Da ist ein ganzer Ort über Wochen im Ausnahmezustand und fiebert auf das große Spiel hin.

Der FC Bayern spielt sonst gegen Real Madrid, aber am Anfang der Saison eben auch mal gegen den großen SV Drochtersen-Assel. Wenigstens ist Ruhe in Drochtersen-Assel, die Spieler provozieren die Bayern im Vorfeld nicht.

Der TuS Erndtebrück haut dagegen vor dem Duell mit dem Hamburger SV mal richtig einen raus. Die waren offenbar nicht zufrieden, dass sie nicht den FC Bayern, sondern „nur einen Zweitligisten" gezogen haben, wie es der Präsident ausdrückte.

Der HSV – „nur ein Zweitligist". Was sagt uns das? Vor dem Hamburger SV hat wirklich keiner mehr Angst. Das hält inzwischen sogar ein Dorfverein für machbar. Viel Glück, Jungs, gegen den großen HSV.

Der FC Bayern spielt gegen den großen SV Drochtersen-Assel. Es gab mal eine Zeit, da waren alle im Dorf ein bisschen sauer, weil die Profiklubs bei DFB-Pokalspielen die großen Stars gern mal zuhause gelassen haben. Alle, die über eine Million gekostet haben, wurden geschont. Heute wäre das gar nicht mehr möglich, weil schon der Zeugwart eine Million kostet.

Selbst wenn die Bayern mit den blindesten aus dem eigenen Kader anreisen, kostet der Günstigste schon über fünf Millionen. Drochtersen-Assel kann sich also auf ein geiles Spiel freuen, egal wer da aufläuft.

Ich mache mir eher Sorgen um die Bayern-Profis. Die können an diesem Tag ihre Handys zuhause lassen. Wenn ihr im Dorf seid, dann müsst ihr damit rechnen, zwei bis drei Stunden ohne Empfang zu sein

Das ist hart: kein Instagram, kein Facebook, der Friseur hat zu – ich hoffe, ihr überlebt das.

Wenn ihr aber dringend eure Frau, Freundin oder Affäre anrufen müsst, müsst ihr mal kurz zur Kirche laufen.

Da steht noch eine Telefonzelle. Aber bitte das Kleingeld nicht vergessen.

DIE GROSSE BAYERN-KRISE

#FCBayern **#NikoKovac** **#UliHoeneß**

Der FC Bayern hat tatsächlich drei Spiele hintereinander nicht gewonnen. Daran können sich wirklich nur Menschen erinnern, die im Altersheim zu den Ältesten gehören. Auch Trainer Niko Kovac ist überrascht. Und in Bayern werden die ersten Vorkehrungen getroffen.

Aktuelle News aus München, und das ist jetzt kein Scherz: Die CSU will einen Satelliten ins Weltall schießen. „Bavaria One" soll er heißen und die CSU sagt: „Wir schauen zu den Sternen, um uns hier besser zu verstehen."

Niko Kovac sollte aufpassen, dass er mit seinem Trainerteam nicht mit im Satelliten sitzt. Die Alarmzeichen sind da. Uli Hoeneß hat gesagt, alles noch kein Problem, aber wenn Kovac so weitermacht, dann muss er seinen Kopf hinhalten. Das ist ja mal was ganz Neues.

Intern scheint es da Probleme bei den Bayern zu geben. James soll verkündet haben, dass es ihm echt auf die Nerven geht, dass bei den Bayern nur noch kroatisch gesprochen wird.

Spätestens, wenn die Kovac-Brüder ins Weltall geballert werden, müssen sie Englisch sprechen. Im Weltall wird Englisch gesprochen, international!

An dieser Stelle muss ich den Niko Kovac aber auch mal in Schutz nehmen. Der FC Bayern hat im Sommer null Euro ausgegeben für neue Spieler. Ich kann mich noch erinnern, dass der FC Bayern zuvor von einem Umbruch gesprochen hat.

Ganz ehrlich, Robben und Ribéry sind zusammen 70 Jahre alt, was hat das mit Umbruch zu tun? Ich kann keinen Umbruch erkennen. Vielleicht meinten sie diesen Umbruch aber auch ganz anders.

Jetzt habe ich es: Der FC Bayern will demnächst von Audi auf BMW umsteigen. Herzlichen Glückwunsch!

Was ist da los beim FC Bayern? Was macht das Festgeldkonto? Ist Bayern etwa pleite wie ich? Ich weiß es nicht.

Liebe Bundesligisten, da liegt unsere Chance. Vielleicht könnt ihr den FC Bayern dafür bestrafen, dass er nichts in seine Mannschaft investiert hat. Vielleicht wird der FC Bayern tatsächlich – nach sechs Meisterschaften in Serie – mal nicht Meister. Ich glaube, da würden sich einige freuen.

DIE BAYERN-PK

#FCBayern #UliHoeneß #KarlHeinzRummenigge #ManuelNeuer

Wenn Uli Hoeneß, Karl-Heinz Rummenigge und Hasan Salihamidzic gemeinsam vor die Presse treten, dann muss schon was ganz Außergewöhnliches passiert sein. Ich habe wirklich damit gerechnet, sie verpflichten Ronaldo und Messi zusammen, vielleicht noch Mbappé dazu, aber nichts dergleichen.

Die komplette Teppichetage des FC Bayern ruft eine Pressekonferenz ein, um sich bei der Presse zu beschweren. Karl-Heinz Rummenigge findet, die Kritik an den Bayern und ihren Spielern geht zu weit. Er zitiert sogar das Grundgesetz: „Die Würde des Menschen ist unantastbar." Und Uli Hoeneß setzt noch einen drauf: „Dieser Verein wird sich jetzt wieder als Einheit in der Öffentlichkeit darstellen, wie Sie das lange Zeit nicht erlebt haben. Wir werden keine respektlose Berichterstattung weiterhin akzeptieren."

Am liebsten wäre ihnen wohl ein neues Gesetz: Paragraf 3, Absatz 4, Spalte 5: Wer ab sofort die Bayern kritisiert, muss mit einer Klage rechnen.

Das ist kein Witz. Wenn der FC Bayern ernst macht und wirklich jeden verklagt, der ihn kritisiert, dann bin ich der Erste, der weggesperrt wird! Es könnte also sein, dass ich mich hier und heute zum letzten Mal über die Bayern äußere. Es war mir eine Ehre! Auf Wiedersehen!

Die Abteilung Attacke vom FC Bayern, Uli Hoeneß, reitet mal wieder ganz vorne weg: „Ich überlasse natürlich jedem Einzelnen, das anders zu sehen, weil ich ein großer Demokrat bin", hat er gesagt.

Ich kann mich noch erinnern, dass er im „Aktuellen Sportstudio" zu Christoph Daum gesagt hat, Kriminelle gehören nicht in den Fußball. Nur zur Erinnerung: Uli Hoeneß saß vor nicht allzu langer Zeit im Knast.

So ein bisschen kann ich die Bayern aber verstehen. Zum Beispiel, wenn Manuel Neuer unfair kritisiert wird. Der Mann ist mit 40 Fieber im Tor immer noch besser als alle anderen, die in der Bundesliga rumlaufen. Er ist viermaliger Welttorhüter. Allerdings können die Bayern in so einem Fall den einen oder anderen Journalisten einfach mal persönlich fragen, was er eigentlich beruflich macht. Das ist viel wirksamer als eine Klage.

So weinerlich kenne ich den großen FC Bayern gar nicht. Das, was der FC Bayern da gerade macht, nennt man mit Kanonen auf Spatzen schießen. Das hat der große FC Bayern aufgrund seiner Historie überhaupt nicht nötig.

WENN KLOPPO RENNT

#JürgenKlopp **#FCLiverpool** **#FCEverton** **#PremierLeague** **#Schalke04** **#BVB**

Der FC Liverpool hat gegen den FC Everton gespielt. Das ist eins der heißesten Nachbarschaftsderbys in der Premier League, auch bekannt als Merseyside Derby. Und das letzte war besonders spannend. Es stand sehr lange 0:0. In der 96. Minute geht Liverpool in Führung. Trainer Jürgen Klopp macht das, was Jürgen Klopp in solchen Situationen immer macht: Er rastet aus. Obwohl das Spiel noch läuft, rennt Kloppo über den halben Platz, umarmt seinen Torhüter. Was Jürgen Klopp in dieser Situation vergessen hat: Er ist Trainer und kein Spieler mehr.

Kloppo hat sich nachher brav beim Gegner entschuldigt und versprochen, dass er aus diesem Fehler lernen wird. Trotzdem hat ihm der englische Fußballverband eine Geldstrafe aufgebrummt und wollte ihn sogar sperren. Was sind das nur für Klingonen da in England? Was glaubt ihr in England eigentlich, wen ihr da unter Vertrag genommen habt?

Ich habe Jürgen Klopp als Mitspieler und als Zimmerkollegen erlebt. Kloppo ist Emotion pur. Seid froh, dass er gelegentlich mit seinem Feuer nur Liverpool anzündet. Er könnte mit seiner Mentalität ganz England anzünden. Wenn ihr nach eurem Brexit mal in wirtschaftliche Schwierigkeiten kommt, dann holt einfach Jürgen Klopp, der holt euch emotional da garantiert wieder raus.

Jetzt steht das Revierderby Schalke gegen Dortmund in der Bundesliga an. Ich stelle mir gerade vor, in der 96. Minute geht Schalke in Führung. Das Einzige, was da auf der Schalker

Dezember
08
2018

Jürgen Klopp wie man ihn kennt und liebt

Bank ausrastet, ist nicht Trainer Tedesco. Das Einzige, was da ausrastet und explodiert, ist sein Laptop.

Stellen wir uns die umgekehrte Situation vor. Der BVB geht in der 96. Minute in Führung. Trainer Lucien Favre wacht plötzlich auf der Bank auf und fragt seinen Co-Trainer, wie es steht.

600 Kilometer entfernt in Liverpool aber rufen besorgte Nachbarn die Polizei, weil ein Verrückter im Dortmund-Trikot Bengalos zündet und durch die Straßen rennt. Die Liverpooler Polizei sucht nach einem Mann mit vielen, großen, sehr weißen Zähnen und transplantierten Haaren.

Das ist meine Definition von Derby: Wenn alles brennt und Kloppo rennt – erst dann ist es ein Derby.

DER KELLER DER AHNUNGSLOSEN

#ThorstenLegat **#MarioBasler** **#JochenDrees** **#DFB** **#Videobeweis**

Der Keller der Ahnungslosen in Köln soll aufgerüstet werden. Der DFB plant, dass demnächst Ex-Spieler die Videoschiedsrichter beraten. Allerdings möchte der Leiter des Videobeweises, Dr. Jochen Drees, nicht, dass wir Ex-Spieler live mit vor Ort im Videokeller sind. Ihm wäre lieber, wenn wir die Videoschiris im Rahmen eines Trainingslagers oder eines Workshops schulen.

Jetzt pass mal gut auf, du Amateur. Im Fußball, da sind wir Ex-Spieler die Experten und nicht ihr Schiris. Wenn wir euch beraten, dann nur direkt in eurem Keller der Ahnungslosen in Köln. Das ist versprochen, Jochen.

Ich schlage einfach mal Thorsten Legat, Mario Basler und mich als Berater vor. Allerdings wird das mit Mario Basler schwierig. Er soll im Vorfeld dem DFB schon Bedingungen gestellt haben. Mario möchte definitiv eine Raucherecke im Keller haben. Die braucht er auch, sonst hält der es keine Stunde vor den Bildschirmen aus.

Thorsten Legat wird ab sofort Fehlentscheidungen der Videoschiedsrichter direkt im Keller ahnden. Ich fürchte, er hat seine legendäre Machete dabei, mit der er früher in Bochum unterwegs war. Da können sich die Videoschiedsrichter ab sofort warm anziehen.

Meinen Job im Keller stelle ich mir total einfach vor. Ich mache einfach das, was ich immer mache: Ich besorge Bier, stelle den Fluchtwagen bereit und kümmere mich um Hostessen. Läuft bei mir.

Die Gilde der Schiedsrichter könnte von Legat, Basler und mir eine Menge lernen. Zum Beispiel, dass man Spaß haben kann, obwohl man im Leben alles falsch gemacht hat.

Ernsthaft. Wir Ex-Profis sehen Dinge im Fußball, bevor sie passieren. Da können sich die Videoschiedsrichter noch so viele Zeitlupen und Wiederholungen angucken, das wird euch nichts bringen. Es hat schon Gründe, warum ihr nicht mitspielen durftet.

Nach Abpfiff bleiben Legat, Basler und ich übrigens im Videoraum sitzen. Dann warten wir auf die 20-Uhr-Nachrichten. Und wenn was schiefläuft mit dem Brexit in Großbritannien, dann schalten wir uns aus dem Kölner Videokeller ein.

Das regeln wir dann auch noch mal, ganz nebenbei, weil wir es können.

FRIEDHELM HAT GEWEINT

#FriedhelmFunkel #FortunaDüsseldorf #RobertSchäfer

Zu Düsseldorf fällt mir normalerweise nicht viel ein. Klar, ich kenne die Kö, Fortuna Düsseldorf, Campino und die Toten Hosen – und den schnellsten Weg nach Köln. Aber jetzt haben sich auch die Fans von Fortuna Düsseldorf in mein Hirn gebrannt.

Die Fortuna-Bosse wollten im Wintertrainingslager den auslaufenden Vertrag von Trainer Friedhelm Funkel nicht verlängern, obwohl sie vorher was ganz anderes erzählt haben. Funkel hatte vorher sogar angekündigt, dass er einen Vertrag nur für die erste Liga akzeptieren würde. Als Fortuna-Boss Robert Schäfer in einer Pressekonferenz erläutert hat, dass mit Friedhelm Funkel erst mal nicht verlängert wird, fing der Trainer vor laufenden Kameras an zu weinen.

Und hier kommen die Fans ins Spiel. Innerhalb von wenigen Stunden sammeln sie über 12.000 Unterschriften für ihren Trainer, damit ihr Idol, Friedhelm Funkel, der Fortuna Düsseldorf bis in die Bundesliga gebracht hat, einen neuen Vertrag bekommt. Die Fortuna musste handeln, und Funkel hat einen neuen Vertrag. So was habe ich noch nie erlebt, Friedhelm Funkel auch nicht, und der ist viel länger dabei als ich.

Fortuna-Boss Robert Schäfer wurde also von den Fans gezwungen, den Vertrag mit Funkel zu verlängern, das muss man sich mal vorstellen. Der einzige Grund, warum Fortuna Düsseldorf nicht Tabellenletzter ist und sicher im Mittelfeld der Bundesliga steht, ist Friedhelm Funkel. Der Mann hat Empathie für Fußballer, kann eine Mannschaft aufbauen und führen. Funkel ist ein Riesentyp. Und dann kommt ein Typ wie Schäfer, der nicht mal das Meer trifft, wenn er mit dem Ball am Strand steht, und erkennt das nicht an. Da muss man als Funktionär einfach mal die Fresse halten, wenn es um Fußball geht.

Die Fans haben dem Boss gezeigt, dass es neben Geld im Fußball auch noch eine andere Macht gibt. Das würde ich mir auch bei anderen Vereinen mal wünschen. Oder beim DFB und der FIFA. Das Problem ist nur, dass DFB und FIFA gar keine Fans haben.

Die Unterstützung der Fans durfte ich in meiner Karriere auch das ein oder andere Mal erleben. Ich hatte 18 Vereine, 39 Trainer, unzählige Präsidenten – und mit allen Krieg. Ohne die Unterstützung der Fans hätte ich keine Minute Fußball spielen dürfen.

Damit so etwas in Düsseldorf nie wieder passiert, biete ich dem Fortuna-Boss einen Deal an: Wir treffen uns in der Altstadt von Düsseldorf und schießen uns mal so richtig aus dem Leben. Und dann erkläre ich Ihnen mal, wie man mit Legenden wie Friedhelm Funkel umgeht.

Deal?

Friedhelm Funkel schafft mit der Fortuna überzeugend den von vielen Experten im Vorfeld bezweifelten Klassenerhalt schon am 29. Spieltag. Am selben Spieltag gibt der Fortuna-Aufsichtsrat bekannt, dass der Verein sich von Vorstandschef Robert Schäfer trennen wird. Der Grund: fehlendes Vertrauen – wohl nicht zuletzt, weil Schäfer versuchte, Funkel abzusägen.

Es gibt nur ein Ansgar Brinkmann

von Campino

Ich wäre gerne mal dabei gewesen in der Zeit, als Ansgar und Jürgen Klopp Zimmerkollegen in Mainz waren. Ich glaube, die beiden haben diese Phase auf sehr unterschiedliche Art und Weise in ihrer Erinnerung verankert. Aber sie sind gut aufeinander zu sprechen und mögen sich, soweit ich weiß.

Jürgen kann gut mit Charakteren umgehen, die ein bisschen komplizierter sind. Insofern kann man sich vorstellen, dass die beiden es in gemeinsamen Hotelzimmern nett hatten.

Campino und Ansgar

Und Ansgar ist ein Typ, der gern einen trockenen, rauen Spruch bringt. Wenn man dem in dem Moment standhält, kann man bei ihm Punkte sammeln. Ansgar respektiert Leute, die geradeaus sind. Er hat einen guten Humor. Allerdings überspielt er gerne, dass er auch ein Typ war, der in seiner Karriere leidenschaftlich gekämpft hat. Dafür hat er streckenweise sicherlich auch Disziplin aufgebracht, selbst wenn er das häufig bestreitet.

Aus seiner aktiven Karriere ist mir sein Blick in Erinnerung geblieben, der immer ganz nah am Rande des Wahnsinns war. So einem möchtest du nicht im Wege stehen, wenn er auf dich zugelaufen kommt.

Ich hoffe, dass es auch weiterhin Typen wie Ansgar im Fußball geben wird. Freche, frische Leute, die das Salz in der Suppe sind – auf die sind wir angewiesen. Das sind Charaktere, an die man sich erinnert, selbst wenn die Karriere im Sport lange vorbei ist.

Andererseits gibt es auch nur ein Ansgar Brinkmann. Damit müssen wir klarkommen. Aber es ist auch gut, dass so einer nicht jede Saison auftaucht, verstehen Sie, was ich damit meine?

Wenn ein Land das Glück hat, einen Ansgar Brinkmann hervorzubringen, sollte danach aber auch 50 Jahre lang damit Ruhe sein. Das haben wir uns alle verdient.

*Andreas Frege aka Campino (*22. Juni 1962 in Düsseldorf) ist seit fast 40 Jahren Frontmann und Stimme der Toten Hosen. Zwei Herzen wohnen in seiner Fußballer-Brust. Das eine schlägt für den FC Liverpool, das andere für seinen Heimatverein Fortuna Düsseldorf.*

Februar
02
2019

UERDINGEN

#KFCUerdingen **#StefanEffenberg** **#FelixMagath** **#KevinGroßkreutz** **#IckeHäßler**

Mikhail Ponomarev ist russischer Multimillionär und Chef des KFC Uerdingen. Er hat seinen Trainer Stefan Krämer gefeuert, obwohl es eigentlich gut lief. Krämer ist mit dem KFC in die dritte Liga aufgestiegen und lag bei seiner Entlassung nur zwei Punkte hinter den direkten Aufstiegsplätzen zu Liga zwei. Krämer hätte den Durchmarsch schaffen können, wenn da nicht der Vereinsboss wäre. Aber Stefan Krämer hatte wohl zu wenig Glamour für Uerdingen. Der Boss scoutet schon einen Nachfolger, ganz berühmte Namen sind in der Verlosung: Stefan Effenberg und Felix Magath.

Was hat Präsident Ponomarev eigentlich vor mit dem KFC? Er hat sogar schon einen Weltmeister in der Mannschaft: Kevin Großkreutz. Kevin hat sich gerade erst beschwert, dass die Trainingsbedingungen in Uerdingen zu schlecht sind. Lieber Kevin, ich bin mir sicher, dass es nicht besser wird, falls euer nächster Trainer Felix Magath heißt. Dann habt ihr bald den Krefelder Berg, den ihr rauf- und runtersprinten müsst, bis die ersten kotzen. Und ihr bekommt von Magath garantiert eine neue medizinische Abteilung – die besteht allerdings ausschließlich aus Medizinbällen.

Stefan Effenberg wäre für die Mannschaft in Sachen Trainingsintensität sicherlich angenehmer. Sollte der KFC allerdings aufsteigen in die zweite Liga, dann werden Kevin Großkreutz und Stefan Effenberg Krefeld in Schutt und Asche legen. Ich weiß, wovon ich rede.

Effe und ich kennen uns schon seit der Jugend. Als er bei den Bayern spielte, haben wir uns mal in München getroffen, in einer Disco. Das saß ich nun, mitten in dem Laden. Rechts von mir Stefan Effenberg, links Icke Häßler.

Immer, wenn Stefan Effenberg zur Toilette musste, ging ein Bodyguard mit. Da habe ich schon gedacht: WOW! Irgendwann musste ich auch mal pinkeln, und da habe ich zum Bodyguard gesagt: „Ich muss mal zur Toilette, kannst du mal bitte mitkommen?" Da sagt der zu mir: „Erstens: Ich weiß nicht, wie du heißt. Zweitens: Du hast am Mittwoch nicht gegen Real Madrid gewonnen. Und drittens: Das Ganze kommt mir wie ein Bilderrätsel vor. Links von dir Häßler, rechts von dir Effenberg. Kreuzen Sie bitte an, was an diesem Bild nicht stimmt." Ich musste dann alleine aufs Klo gehen.

Am meisten Sorgen mache ich mir um das legendäre Maskottchen des KFC, den Grotifanten. Der prügelt sich ja gerne mal mit gegnerischen Fans und Spielern. Gerüchten zufolge ist der Grotifant auch schon auf der Transferliste, weil er nicht genug Glamour hat in den Augen des Präsidenten. Wer soll den Grotifanten dann ersetzen? Wen will der größenwahnsinnige russische Präsident dann in die Grotenburgkampfbahn stellen? Paris Hilton im goldenen Kostümchen? Die hat Glamour, das will aber niemand sehen.

Trainer in Uerdingen wurden weder Stefan Effenberg noch Felix Magath. Norbert Meier, ebenfalls mit reichlich Erstligaerfahrung ausgestattet, übernahm die KFC-Bank und versuchte, die teure Truppe in die zweite Liga zu führen. Nach nur sieben Spielen (drei Unentschieden, vier Niederlagen) musste auch Meier schon wieder gehen. Er wurde durch Frank Heinemann ersetzt. Der legendäre Grotifant ist immer noch Uerdinger. Noch …

Februar 09 2019

MACHS GUT, RUDI

#RudiAssauer **#Schalke04** **#ArminiaBielefeld** **#ClemensTönnies**

Rudi Assauer ist tot. Er war ein total charismatischer Typ. Er hat den Fußball geliebt wie kaum ein anderer. Sein größter Traum: einmal mit Schalke Meister werden. Das hat er leider nicht mehr erlebt. Sein Markenzeichen war seine Zigarre. Wenn jemand darauf aufmerksam gemacht hat, dass Rauchen ungesund ist, dann hat er gelächelt und gesagt: „Das ist ja nur ein Paffen und kein Inhalieren."

Rudi war ein Mann, den ich mir in jeder Gelsenkirchener Kneipe gut vorstellen konnte, der aber auch den Stil und das Charisma hatte, um mit Frank Sinatra in Chicago einen Whisky zu trinken.

Ich habe mal mit Arminia auf Schalke gespielt. Kurz vor Schluss renne ich alleine aufs Tor zu und werde im Strafraum von hinten umgetreten. Ein ganz klarer Elfmeter. Aber der Schiedsrichter hat ihn nicht gegeben. Mit dem Schlusspfiff gehe ich sauer vom Platz und rege mich auf, die ganze Mannschaft regt sich auf. Plötzlich riecht es nach Zigarre. Jemand tippt mir auf die Schulter und sagt: „Ansgar, war Elfmeter!" Rudi Assauer.

Begegnungen mit Rudi waren immer sehr angenehm. Er hat oft zu mir gesagt: „Ansgar, so ein Typ wie du würde gut auf Schalke passen … Aber ICH hole dich nicht."

Ansgar und Rudi Assauer

Rudi, du fehlst, weil die Pressekonferenzen auf Schalke heute so steril sind, dass man die auch im Krankenhaus abhalten könnte. Rudi Assauer hat für Emotionen gesorgt. Rudi war ein Mann, der sogar geweint hat, wenn verdiente Schalker Spieler den Verein verlassen haben. Heute werden auf Schalke verdiente Spieler kritisiert und vom Hof gejagt.

Schalke-Boss Clemens Tönnies hat noch am Todestag von Rudi Assauer, kurz vor dem DFB-Pokalspiel Schalke gegen Düsseldorf, die Mannschaft in die Pflicht genommen. Im ausverkauften Stadion hat er gesagt, dass es besonders wichtig für die Mannschaft sei, am Todestag von Rudi Assauer das Spiel zu gewinnen.

Lieber Clemens Tönnies, wahrscheinlich hast du es schon selbst bemerkt, aber ich erkläre es dir gerne noch mal: Wenn ein Mensch von uns geht, dann muss Schalke 04 kein Spiel gewinnen. Wenn ein Mensch stirbt, dann wird alles andere zur Nebensache. Auch Fußball.

Glück auf, Rudi!

Februar
16
2018

HURRA, DER FRISEUR IST DA!

#BVB **#DirkVanDerVen** **#VfLOsnabrück** **#ChampionsLeague** **#Tottenham**

Michael Zorc, der Manager des BVB, hat sich über seine Spieler beschwert, weil – und das ist jetzt kein Scherz – die Profis von Borussia Dortmund in London am Vorabend des Champions-League-Spiels gegen Tottenham nichts Besseres zu tun haben, als sich einen Starfriseur ins Hotel zu bestellen. Wenn man sonst keine Sorgen hat … Ist die Playstation schon wieder out? Wo leben wir eigentlich, was ist los mit dieser Fußballer-Generation?

Ich hatte auch mal das Problem, genau wie die Dortmunder. Ich habe beim Warmmachen vor dem Spiel gemerkt, dass ich nichts mehr sehe. Da habe ich mir kurzerhand vom Mannschaftsarzt die Tape-Schere geliehen und habe mir in der Kabine den Pony geschnitten. Da ist kein Friseur gekommen. Mein Mannschaftskollege Dirk van der Ven saß mir gegenüber. Der hat sich kaputtgelacht. Da habe ich zu ihm gesagt: „Hör auf zu lachen! Du hast das Problem nicht, du siehst auf dem Kopf aus wie ein Deoroller – wie Fantomas."

Am Abend vor 'nem Spiel habe ich mir andere Sachen ins Hotel bestellt als die Jungs vom BVB. Eine Flasche Jack Daniels und ein paar Mädels. Und ihr bestellt euch einen Friseur? Kein Wunder, dass ihr gegen Tottenham 0:3 verloren habt.

Mit Hotels ist das immer so eine Sache. Ich war mal im Trainingslager in Portugal – und mir war abends im Hotel stinklangweilig. Da habe ich mich aus dem Hotel geschlichen. Ich war besonders vorsichtig, damit auch ja niemand was bemerkt. Es hat über eine Stunde gedauert, bis ich end-

lich draußen war. Bis zum nächsten Bordell musste ich dann noch acht Kilometer laufen. Doch was muss ich sehen, als ich endlich angekommen war? Die ganze Mannschaft war schon da.

Als wir mal auf St. Pauli gespielt haben, hat ein Mannschaftskollege zu mir gesagt: „Ansgar, ich weiß, wir spielen morgen, und es ist ja auch schon 22 Uhr. Aber ich habe schon so viel von der Reeperbahn gehört. Das musst du mir einfach mal zeigen." Da habe ich zu ihm gesagt: „Du weißt schon, dass wir morgen spielen, oder? Aber ich rufe sofort ein Taxi. Da fahren wir hin." Also sind wir im Trainingsanzug des VfL Osnabrück in der Nacht vor dem Spiel über die Reeperbahn gezogen. Mein Kollege hat sich sogar noch in einem Laufhaus verlaufen. Aber am nächsten Tag haben wir gegen den FC St. Pauli gewonnen. Dann ist die Welt wieder in Ordnung.

Ansgar, Dirk van der Ven und Peter Schultz bei einer Lesung im Bielefelder Werkraum

März
09
2019

TEDESCO IST RAUS

#DomenicoTedesco #Schalke04 #HuubStevens

Laptoptrainer Domenico Tedesco ist nach dem 0:7 bei Manchester City in der Champions League entlassen worden. Für Schalke-Boss Clemens Tönnies war das eine sehr schwere emotionale Entscheidung, die ihm leidgetan hat. Und was folgt auf Tedesco? Die absolute Schalke-Ikone Huub Stevens, und zwar bis zum Ende der Saison.

Taktisch geht es auf Schalke mit Stevens zwar zurück in die Steinzeit, aber – und das ist das Wichtigste im Abstiegskampf – ab jetzt wird auf Schalke wieder malocht! Ab sofort haben die Schalker wieder Schaum vorm Mund, da wird wieder gekämpft – dafür wird Huub garantiert sorgen, und das ist auch mehr als angebracht im Kampf um den Klassenerhalt.

Huub Stevens, der alte Holländer, der wollte eigentlich chillen. Das hat er mir persönlich bei einer gemeinsamen Lesung im Kölner Stadtgarten erzählt. Ich habe da einen ganzen Abend mit ihm verbringen dürfen. Aber wenn seine Schalker rufen, dann kann er einfach nicht anders. Trotz Herz-OP heißt sein Motto: einmal Schalker, immer Schalker.

Ich glaube sogar, dass Rudi Assauer in seinem Testament verfügt hat, dass, wenn es Schalke dreckig geht und der Verein kurz davor ist, den Bach runterzugehen, Huub Stevens reaktiviert wird. Egal wie alt er ist.

Die Frage ist: Warum habt ihr eigentlich nicht mich geholt? Ich war zwanzig Jahre lang permanent im Abstiegskampf, auf und neben dem Platz. Mein ganzes Leben ist ein reiner

Abstiegskampf. Und deshalb hier mein Rat an die Spieler von Schalke 04: Fahrt mit dem Mannschaftsbus mal am Kiosk von Ernst Kuzorra vorbei und kauft alles ein, was es da an alkoholischen Getränken gibt. Damit schließt ihr euch irgendwo ein, und dann sagt ihr euch gegenseitig die Meinung. Kotzt euch mal richtig aus, vor allem verbal. Danach geht ihr am nächsten Morgen zum Training und seid zumindest mental wieder auf Kurs. Den Rest erledigt Huub.

Und allen Schalke-Fans, die jetzt noch um Domenico Tedesco heulen, sei gesagt: Macht euch bitte nicht zu viele Sorgen. Tedesco hat einen Dreijahresvertrag und damit den langfristigsten Trainervertrag, den es je auf Schalke gegeben hat. Und wenn der 2022 dann ausläuft, bekommt er bestimmt einen Spitzenjob im Silicon Valley – einen Laptop hat er ja.

Huub Stevens hat es geschafft, Schalke vor dem Abstieg zu bewahren und die Saison sogar noch zu einem einigermaßen versöhnlichen Ende zu bringen. Der überraschende 4:2-Derbysieg in Dortmund wird den Schalke-Fans noch lange in Erinnerung bleiben.

März
30
2019

VEGANER

#SergeGnabry **#Messi** **#ArminiaBielefeld**

Wir haben in der Bundesliga Brasilianer, Engländer, Holländer, Japaner, Afrikaner … unfassbar viele Nationalitäten machen die Bundesliga bunt. Jetzt hat aber auch etwas Neues die Bundesliga entdeckt. Veganer spielen inzwischen auch mit.

Serge Gnabry, deutscher Nationalspieler vom FC Bayern, hat sich geoutet. Die Folgen sind noch gar nicht absehbar. Vielleicht machen sich bald die ersten Klingonen auf den Weg Richtung Bundesliga – die ersten sollen sogar schon im Probetraining sein, bei Schalke 04 habe ich gehört.

Es gibt schon mehrere Veganer in der Bundesliga, auch Megastars wie Lionel Messi oder Sergio Agüero leben vegan. Dabei soll das gar nicht so gut sein für Spitzensportler, weil Veganer viel mehr essen müssen, um ihre Energie zu bekommen und einige wichtige Nährstoffe nur in tierischen Produkten enthalten sind. Deshalb hau ich mir weiter 'ne Manta-Platte rein, weil es für Fußballer keine Vorteile hat, vegan zu leben. Das ist einfach eine Lebenseinstellung.

Zu meiner Zeit haben wir Jack Daniels getrunken, Currywurst mit Pommes gegessen und wir hatten Sex auch vor wichtigen Spielen.

Aber jetzt kommen die Veganer. Jetzt wird sich vernünftig ernährt, ausschließlich Salat und Gemüse gegessen, zwischendurch hängen die Jungs am Tropf. Optimale Vorbereitung nennt man das, aber wo bleibt denn da der Spaß?

Vor einem Bundesligaspiel mit Arminia in Bochum habe ich das Frühstück verpasst. Da habe ich eine Currywurstbude entdeckt. Da bin ich direkt hin, Currywurst-Pommes-Mayo, zack, schnell gegessen, eineinhalb Stunden später war Anstoß. Wenn ich da einen veganen Imbiss gesucht hätte, dann wäre ich wahrscheinlich heute noch in Bochum unterwegs. Manchmal muss man auch nehmen, was man kriegen kann.

Ich kann euch schon sagen, wo das enden wird. In naher Zukunft wird ein veganer Nahrungsmittel-Konzern um die Ecke kommen und eine Mannschaft aufkaufen. Da werden dann ausschließlich Veganer spielen. Ihr könnt euch vorstellen, was dort im Stadion serviert wird. Was wird dann aus der guten, alten Stadionwurst? Was wird aus Pommes-Mayo? Ich habe Angst.

Mir persönlich ist völlig egal, ob einer Veganer oder Klingone ist oder eine Jacke trägt, die 18.000 Euro kostet. Aber Finger weg von der Stadionwurst!

Mai
04
2019

HANDSPIEL

#Revierderby **#LucienFavre** **#Schiedsrichter**

Neuer Rekord in der Bundesliga, obwohl die Saison noch lange nicht vorbei ist. Noch nie sind so viele Handelfmeter gepfiffen worden. Zuletzt beim Revierderby Dortmund gegen Schalke. Nach der Dortmunder Führung gibt es postwendend Handelfmeter für Schalke. Der Videoschiri im Kölner Keller hatte sich eingeschaltet, weil Schalkes Embolo Dortmunds Julian Weigel den Ball aus 30 Zentimeter Entfernung an den Arm geballert hat.

Nicht nur Dortmunds Trainer Lucien Favre war überrascht, sogar die Schalker konnten es kaum glauben. Favre wurde nach dem Spiel sehr deutlich: „Diese Handspielregel ist so lächerlich. Das ist der größte Skandal in der Fußballgeschichte für mich. Der Fußball macht sich lächerlich."

Liebe Schiedsrichter: Ich habe einen Nachbarn, der ist fünf Jahre alt. Der kann euch sagen, ob es ein Elfmeter war oder nicht. Der weiß mit seinen fünf Jahren schon ganz genau: Wenn einer aus 30 Zentimetern volles Brett angeschossen wird, dann kann kein Fußballer der Welt den Arm noch aus dem Weg ziehen. Dieser kleine Junge weiß, dass so eine Situation niemals ein Elfmeter sein darf. Und was macht ihr Schiedsrichter? Ihr pfeift Elfmeter! Begründung: Regelauslegung einer schwachsinnigen Regel völlig ohne Fingerspitzengefühl.

Wenn Menschen ein Spiel leiten, die es selbst nie gespielt haben, weil sie es nicht beherrschen, weil sie talentfrei sind, dann ist das ungefähr so, also ob ein Veganer in einer Schlachterei das Sagen hat.

Um einen Elfmeter zu erkennen, muss ich aus dem Fußball kommen. Da muss ich Erfahrungen mit solchen Situationen haben. Scheiß auf jede Regel! Man muss die Regeln richtig interpretieren, und das geht nur, wenn man selbst mal in diesen Situationen auf dem Platz gestanden hat.

Ich brauche kein Regelbuch, um korrekt zu sagen: Elfmeter oder kein Elfmeter. Aber das ist genau das, was Schiedsrichter nicht können. Und das ist auch der Grund, warum ihr schon früher nicht mitspielen durftet.

Die Situation der Schiedsrichter ist vergleichbar mit der Politik. Du bist heute Minister für Familie und Soziales. Und plötzlich, warum auch immer, wirst du versetzt ins Verteidigungsministerium und sollst dich um Minenfelder in Afghanistan kümmern. Ganz ehrlich: Irgendwo hören die Kompetenzen doch auch mal auf.

Wenn es demnächst ein Handspiel gibt, dann wäre es fair, wenn ihr euch einen Würfel holt und den Elfmeter auswürfelt. Bei einem Wurf zwischen ein und drei Augen gibt es Elfmeter, bei einem Wurf zwischen vier und sechs Augen nicht.

Liebe Schiedsrichter, ihr braucht zumindest einen im Kölner Keller, der jede strittige Handszene, jeden Grenzfall, aus der Sicht eines Fußballers praktisch nachfühlen kann. Ihr könnt mich gerne anrufen, meine Nummer bekommt ihr über 1Live. Ich werde am Start sein, und ich sage euch: Ich brauche kein Regelbuch, um mit hundertprozentiger Sicherheit zu sagen, was Elfmeter ist und was nicht.

AUF DER STRASSE

DSCHUNGEL-CAMP

#IckeHäßler #StefanEffenberg #Dschungelcamp

Sollten nicht eigentlich elf Prominente ins Dschungelcamp von RTL ziehen? Gina-Lisa Lohfink? Kader Loth? Marc Terenzi? Von denen habe ich noch nie gehört. Unter den Kandidaten ist nur einer, der im Leben schon mal echten Erfolg gehabt hat: Icke Häßler – Europameister, Weltmeister, dem hat die ganze Welt beim Fußballspielen zugeguckt. Aber in dieser Dschungelmannschaft kann er wohl nichts reißen. Wenn ich diese ganzen Zusammengebastelten sehe, da sehen manche aus, als hätte jemand mit ihrem Gesicht Origami gefaltet. Mit der Hälfte der OPs aller Teilnehmer machst du einen Klingonen zum Model – und Icke mittendrin. Wahnsinn!

Seitdem Icke Häßler im Dschungelcamp sitzt, hat er tatsächlich fünf Sätze gesprochen, fünf Sätze, aber bestimmt 50 Packungen Zigaretten geraucht. Der Mann weiß allerdings, was er da tut. Das war schon auf dem Fußballplatz so. Er ist Europa- und Weltmeister, der kann in Australien machen, was er will.

Als ich Icke Häßler vor zig Jahren in München besucht habe, habe ich mit ihm in einer Disco gesessen. Rechts von mir saß Icke, links von mir Effenberg, der hatte schon einen drin, als wir dort ankamen.

Was für ein Bild: rechts ein Weltmeister, links ein Champions-League-Sieger, in der Mitte 20 Jahre Abstiegskampf. Das wirkte irgendwie wie ein Bilderrätsel in einer Zeitung mit der Überschrift: „Kreuzen Sie bitte an, was hier nicht stimmt.“

Januar
21
2017

Ich würde auch gerne mal ins Dschungelcamp gehen. RTL müsste mich nicht mal finanziell bedrohen. Dass mir Geld ziemlich egal ist, habe ich bereits bewiesen. Würde ich sonst für 1Live arbeiten? Dass ich wahnsinnig genug dafür bin, das ist ja auch mal sicher.

Ich würde gerne ins Dschungelcamp gehen, weil ich im Camp alles kaputt machen möchte. Aus dem Lagerfeuer würde ich ein Osterfeuer machen und nach acht Stunden den ersten der anderen Kandidaten würgen. Das ist mal sicher.

Ansgar wurde schließlich Kandidat der 12. Staffel von „Ich bin ein Star – holt mich hier raus" und musste seine Zeit am Lagerfeuer mit „Stars" wie Daniele Negroni, Matthias Mangiapane und der späteren Siegerin Jenny Frankhauser fristen. Nach zehn Tagen hatte Ansgar die Schnauze voll und verließ das Camp freiwillig. Bis dahin hatte er weder einen anderen Kandidaten gewürgt noch das Camp zerstört.

Eine Nacht mit Ansgar

von Natascha Ochsenknecht

Da stand er nun vor mir, der „weiße Brasilianer", und grinste mich frech und doch auch etwas schüchtern an. Er war mir auf Anhieb sympathisch und genau so, wie unsere gemeinsame Freundin Doris ihn mir vor dem Dschungelcamp beschrieben hatte: ein Mann, in dem immer noch ein Junge mit Schalk im Nacken steckt.

Wir haben schnell einige Gemeinsamkeiten entdeckt: beide haben eine große Klappe, Humor, sind ehrlich und direkt, Kämpfer, Teamplayer, hassen Ungerechtigkeiten, beschützen Schwächere und können auf dem Boden im Dschungel schlafen. Vermutlich habe ich das ein oder andere vergessen, egal, es passte einfach zwischen uns.

Ich werde nie die Blicke der anderen Camp-Bewohner vergessen, als sie entdeckten, dass Ansgar ein Skateboard mit in den Dschungel gebracht hatte. Die Idee war so bescheuert, dass sie schon wieder gut war. Das Board wurde dann auch tatsächlich eingesetzt. Nicht zum Skaten natürlich, aber als Minitisch für alles, als Sitzgelegenheit und als Tablett.

Unser allererster Morgen im Dschungel begann mit: „Guten Morgen, heute wird ein guter Tag." Ich hörte Ansgars Stimme im Halbschlaf und musste schon lachen.

Ich dachte, Ansgars Weckdienst sei eine einmalige Geschichte, aber scheiße war's, den gab es von da an jeden Morgen. Ich antwortete dann immer: „Ansgar, heute wird ein guter Tag."

Wir redeten natürlich über Gott und die Welt, hatten viel Zeit, und es war spannend, ihm zuzuhören. Seine Partynächte und sein berühmter Spruch auf dem Anrufbeantworter („Bin bis fünf Uhr früh in meiner Stammkneipe zu erreichen“) sind natürlich eine Hausnummer. Ich denke, kein Fußballprofi hatte mehr Trainer als er. Ansgar wollte immer sein Ding durchziehen und ist dadurch auch öfters angeeckt. Bevor er sich anpasst und eingeengt fühlt, packt er seine Sachen und geht – ob das immer so gut ist, bezweifele ich ehrlich gesagt. Aber so ist Ansgar: Er lässt sich nicht verbiegen und lässt sich auch nicht kaufen oder von irgendwas einschüchtern.

Natürlich hatten wir auch mal Meinungsverschiedenheiten im Camp, aber dann haben wir darüber gesprochen und es direkt geklärt.

Er war einer der wenigen, der immer in die Prüfungen wollte, kämpfen für das Team, um Sterne zu holen. Das hat er auch mehrfach geschafft und danach nicht, wie manch andere, auf dicke Hose gemacht. Es war für ihn einfach selbstverständlich, das zu rocken.

Kaum zu glauben, aber der oder die andere im Camp hat sich bei Ansgar auch das Herz ausgeschüttet. Der Typ kann nämlich auch zuhören und gute Ratschläge geben, aber wehe, du hörst ihm nicht zu, dann gibts ´ne Ansage.

Mit Ansgar hatte ich die schlimmste, absurdeste, tollste und witzigste Nacht im Dschungel.

Als es hieß, wir müssen zusammen zur Schatzsuche, haben wir uns total gefreut. Unterwegs haben wir schon Geschichten gesponnen, was wohl unsere Aufgabe sein würde. Wir hatten den Verdacht, in eine dunkle Höhle mit Ratten gesteckt zu werden. Eng kuscheln und so. Da hatten wir überhaupt keine Lust drauf. Und dann stand sie plötzlich vor uns: die Strickliesel, etwa einen Meter groß. Ich habe sofort erkannt, was das war. Ansgar stand da wie der Ochs vorm Berg und hatte keinen Plan. Es war wirklich absurd. Und Gott sei Dank, nach kurzem Hin und Her und Ausprobieren bekam ich das „Stricklieseln“ wieder hin.

Da standen wir nun wie zwei Idioten vor einem riesigen Berg Bändern. Wir starteten erfolgreich, bis ich den ersten Knoten in den Bändern fand. Und dann noch einen und noch einen und dann noch viele mehr. Ansgar und ich realisierten, dass RTL die Bänder mit voller Absicht verknotet hatte, um uns in den Wahnsinn zu treiben. Es war zum Kotzen, stundenlang saßen wir auf einem Baumstamm und entknoteten. Ansgars Laune sank auf den Nullpunkt. Er fluchte wie der Teufel. Diese Knoten machten uns irre, und als Ansgar sagte, dass er aufgibt und zurück ins Camp möchte, da beschloss ich, mitzugehen.

Allerdings gab es da ein Problem: die Ranger. Wir hatten natürlich nicht damit gerechnet, dableiben zu müssen. Es gab kein Zurück. Nach einer kurzen Diskussion erkannten wir, dass wir die ganze Nacht mit „Liesel" verbringen würden. Das hat mich so geärgert, dass ich wieder anfing, Bänder zu entknoten. Ich sagte zu Ansgar: „Ich gebe doch wegen einer Strickliesel nicht auf! Nicht mit mir! Jetzt erst recht!"

Ansgar schaute mich an und sagte: „Du hast Recht, los geht's." Ab da strickten wir, was das Zeug hielt. Der Korb näherte sich dem Ende, und wir freuten uns schon drauf, schlafen gehen zu können. Das letzte Band rutschte durch, wir fielen uns in die Arme vor Freude nach ewigem Stehen. Als der Korb leer war, kam ein Ranger, und uns fiel die Kinnlade runter, denn er hatte einen zweiten Korb mit Bändern dabei, guckte uns streng an und sagte: „ENJOY!"

Darauf Ansgar: „Ich hau ihm aufs Maul" – ich musste lachen. Es war so irre bescheuert. Wir waren wütend und haben geflucht. Für mich war trotzdem sofort klar: Weitermachen, ich gebe nicht auf!

RTL wollte uns auf die Probe stellen. Die beiden Campbewohner mit der größten Klappe wollte man aufgeben sehen. Nicht mit uns, niemals! Wir haben stundenlang nur noch gelacht und gestrickt. Uns beiden war klar, dass wir diese Nacht niemals vergessen und immer mit einem Lachen dran denken werden. Die Strickliesel hat uns für immer verbunden.

Wir hatten Angst, den zweiten Korb fertig zu machen, es könnte danach ein dritter Korb kommen. Haha, wie absurd. Als der zweite Korb fertig war, trauten wir uns kaum, zu atmen, aber es passierte nichts. Keiner kam, keiner. Wir trauten uns aber auch nicht, uns zu freuen. Dann sahen wir einen Ranger mit einem Tablett und einer Glocke darüber auf uns zukommen. Hoffentlich sagte er nicht „ENJOY", denn dann hätte ihn Ansgar tatsächlich umgehauen.

Der Ranger nahm die Glocke ab, und darunter lagen zwei trockene Käsetoasts. In diesem Moment bekamen wir einen Lachanfall. Wir haben eine ganze Nacht gestrickt, ungefähr 15 Meter mit der Strickliesel – für zwei trockene Käsetoasts. Wir durften noch nicht mal einen Korb mitnehmen, um den anderen zu zeigen, was wir geschafft hatten.

Nun standen wir da mit unseren trockenen Toasts und wagten den ersten Biss, es war fantastisch und in diesem Moment das beste Essen in unserem Leben. Es war klar, dass diese Challenge Ansgar und mich fürs Leben verbunden hatte. Es war auch klar, dass ich Ansgar dann zu unserem gemeinsamen Dschungel-Promi-Dinner als Geschenk eine Strickliesel mitgebracht habe, was sonst?

Ich hatte gehofft, dass Ansgar, David Friedrich und ich so lange wie möglich zusammen im Camp bleiben würden, denn wir hatten viel Spaß zusammen und machten die blödesten Scherze. Aber es kam anders.

Ansgar war irgendwann zwischendurch im Camp eingeschlafen, wurde geweckt und ans Dschungeltelefon gerufen. Er hat das nur im Halbschlaf mitbekommen, stand verpeilt auf und vergaß dabei, sein Mikro anzulegen. Das wertete RTL als groben Fehler und Verstoß gegen die Camp-Ordnung. Im Dschungeltelefon eskalierte die Lage komplett, und Ansgar sollte bestraft werden.

Ich fand es auch ungerecht, wie mit Ansgar umgegangen wurde. Ansgar hätte trotzdem die Klappe halten können, damit sich die Lage beruhigt. Stattdessen fiel dann sein Spruch: „Ich pack meine Sachen und hau ab, ich lass mich nicht verarschen."

Ich habe sofort gemerkt, dass Ansgar es ernst meinte. Die anderen und ich versuchten, ihn davon zu überzeugen, zu bleiben. Aber, typisch Ansgar: ein Mann, ein Wort. Und so rief er tatsächlich: „Ich bin ein Star, holt mich hier raus!"

Keiner der Camp-Bewohner konnte es wirklich nachvollziehen, und man merkte Ansgar an, dass er selbst nicht ganz sicher war, die richtige Entscheidung getroffen zu haben. Aber er musste zu seinem Wort stehen und gehen.

Sollte es bei mir mal brennen, ich könnte ihn anrufen, er wäre für mich da, denn wenn einer zu seinem Wort steht, dann Ansgar!

*Natascha Ochsenknecht (*17. August 1964 in Düsseldorf) ist ein Multitalent. Model, Modedesignerin, Fotografin und Kinderbuchautorin. 2018 trafen Ansgar und Natascha sich in der RTL-Show* Ich bin ein Star, holt mich hier raus *im australischen Dschungel. Während Ansgar nach zehn Tagen freiwillig auszog, erwischte es Natascha Ochsenknecht zwei Tage später via Zuschauervoting. Sie wurde am Ende Siebte.*

DEMBÉLÉ

#BVB #OusmaneDembélé #DirkVanDerVen #FCGütersloh

Ousmane Dembélé von Borussia Dortmund war einfach mal kurz spurlos verschwunden. Er hat das Training geschwänzt. Bei Trainer Peter Bosz hat er sich nicht abgemeldet. Der hat sogar versucht, Dembélé zu erreichen, ohne Erfolg. Niemand wusste, wo er war.

Das ist schon mehr als dreist, was sich Dembélé da erlaubt. Der versucht, seinen Verein zu erpressen: Entweder, der BVB stimmt einem Wechsel nach Barcelona zu, oder Dembélé verschwindet einfach.

Mein ehemaliger Mannschaftskollege Dirk van der Ven hat in unserer Zeit beim FC Gütersloh auch mal das Training geschwänzt, aber nicht, weil er den Verein wechseln wollte. Vanni war feiern. Mitten in der Saison ist er drei Tage im Ruhrgebiet unterwegs gewesen, von Kneipe zu Kneipe. Niemand wusste, wo er war. Wir haben ihn alle gesucht. Nachdem er zwei Tage verschwunden war, wurde sogar seine Wohnung aufgebrochen, weil der Verein Angst hatte, dass Vanni vielleicht etwas zugestoßen sein könnte.

Am dritten Tag wurde ich von Trainer Hannes Linßen auf die Geschäftsstelle gebeten. Und genau in diesem Moment klingelt mein Telefon, am Apparat: Dirk van der Ven. Und da sagt mein Trainer: „Gib mir mal das Handy."

Anstatt Vanni den Einlauf seines Lebens zu verpassen, sagt Hannes Linßen: „Vanni, schön, dass du wieder da bist. Ansgar, hol ihn sofort vom Bahnhof ab."

Ich steh in der Bahnhofshalle, und dann kommt er mir entgegen – Dirk van der Ven sah so übel aus, dass er sofort eine Hauptrolle in „The Walking Dead" bekommen hätte. Drei Tage Sauftour durchs Ruhrgebiet haben ihre Spuren hinterlassen.

Also, regt euch mal nicht so auf in Dortmund. Dembélé war nur einmal nicht beim Training, und wahrscheinlich bekommt ihr bald 120 Millionen für ihn. Zur Strafe hat Dembélé einen Tag Urlaub bekommen. Während seine Mitspieler irgendwo in die Gegend von Freiburg reisen müssen, zum DFB-Pokalspiel bei einem Sechstligisten, kann er zuhause bleiben und ein bisschen PlayStation spielen. Das ist natürlich eine super Strafe, das wird ihm eine Lehre sein.

Ich mach diesem jungen 20-jährigen Spieler gar keinen Vorwurf. Ich glaube eher, dass ihm da zu viele Berater, die es „gut" meinen, zureden und sagen: „Du, pass mal auf, Junge, wir müssen jetzt Druck machen auf Borussia Dortmund, heute gehst du mal nicht zum Training."

Ich schätze Dembélé eher so ein, dass er immer Bock auf Fußball hat. Wenn es nach ihm ginge, würde er lieber zum Training gegen. Aber in diesem Fall geht es in erster Linie um Geld, um sehr viel Geld. Da sind Berater unterwegs, und denen geht es meistens nicht um Fußball.

Ousmane Dembélé hat sich letztlich erfolgreich zum FC Barcelona „gestreikt". Der BVB wurde dafür allerdings gut entschädigt: Bis zu 148 Millionen Euro könnten die Westfalen dank diverser Erfolgsprämien kassieren.

„Ich bin die Macht"

von Dirk van der Ven

Als sich mein damaliger Trainer Hans-Werner Moors in der Regionalligasaison 1995/96 vor dem Rückrundenauftakt beim Wuppertaler SV dazu entschied, mich mit unserem (bei Preußen Münster suspendierten) Neuzugang Ansgar Brinkmann auf ein Zimmer zu legen, konnte wohl noch niemand ahnen, dass dieser geniale Schachzug unseres Übungsleiters in den nächsten Jahren mein Fußballer- und Nachtleben entscheidend beeinflussen sollte …

Wir waren seinerzeit ein ziemlich verrückter Haufen beim FC Gütersloh; wir tranken nach jedem Training Bier, hatten einen Aschenbecher in der Kabine und büxten mit 23 von 24 Spielern aus dem Trainingslager aus (nur einer blieb im Hotel, weil er sich in eine Servicekraft verliebt hatte).

Diese „Ansammlung von Pflegefällen" (Zitat: Hannes Linßen) schickte sich an, den Durchmarsch von der Oberliga in die zweite Liga zu schaffen.

Alkohol, Frauen, Zigaretten, Bordelle … ich lief zur Bestform auf und entwickelte mich über den Tresen hinaus unbewusst zum Starspieler dieser genialen Kombo. Aber es fehlte noch was oder wer – und dann kam er: Ansgar Brinkmann!

Am Abend vor dem Spiel beim Wuppertaler SV nahm alles seinen gewohnten Gang. Wir tranken, rauchten und hatten mit Ansgar einen neuen Pokerspieler am Tisch. Wie immer wurde gegen zwei Uhr dann doch die Nachtruhe angemahnt und mehrfach lallend auf die Wichtigkeit des morgigen Spiels hingewiesen.

Als ich mich dann gegen vier Uhr endlich kurz vor der Tiefschlafphase befand, wurde ich durch gleißendes Licht und ekstatische Worte geweckt. Da stand dieser WEISSE Hüne (zum Brasilianer wurde Ansgar erst bei Arminia) in Boxershorts vor dem Spiegel, hämmerte sich auf die Brust und schrie immer wieder: „Ich bin die Macht! Ich bin die Macht!"

Heute wäre er wahrscheinlich ein Fall für Mentaltrainer, Psychologen oder Bewährungshelfer. Ich hab mich einfach umgedreht und weitergeschlafen.

Spaß im Traininglager: Dirk van der Ven und Ansgar mit den Bielefelder Teamkollegen im Sommer 2001 im österreichischen Bruck an der Mur.

Über 20 Jahre nach diesem epischen Moment muss ich feststellen: Er hatte recht! Ansgar war die Macht, ist die Macht und wird sie auch immer bleiben! Sportlich wie menschlich.

Übrigens haben wir das Spiel verloren, sind aber trotzdem aufgestiegen. Ansgar wurde verkauft (warum eigentlich?), war aber nach drei Monaten wieder da, weil er von seinem neuen Arbeitgeber SC Verl suspendiert wurde. Und das nur, weil er eine Meinungsverschiedenheit mit seinem Trainer Dieter Brei in einem Faustkampf austragen wollte – natürlich hatte er sich vorher seines T-Shirts entledigt.

Dirk „Vanni" van der Ven (1. März 1970 in Duisburg) ist eine Legende des FC Gütersloh. Der Stürmer mit der markanten „Frisur" ballerte den ostwestfälischen Klub bis in die zweite Liga. Insgesamt traf in er in 64 Spielen 31-mal für Gütersloh. Ansgar und Vanni waren nicht nur dort Teamkollegen. Wenige Jahre später trafen sich die beiden Freunde bei Arminia Bielefeld wieder und stiegen gemeinsam in die Bundesliga auf. Vanni spielte außerdem für Wattenscheid 09, Rot-Weiss Essen, KFC Uerdingen, LR Ahlen, Rot-Weiß Lüdenscheid, Schweinfurt 05 und Yokohama FC in der zweiten japanischen Liga. Insgesamt kommt er auf 24 Spiele in der 1. (2 Tore) und 150 Einsätze in der 2. Bundesliga (28 Tore). Aktuell trainiert er Viktoria Rietberg II.*

LAPTOP-TRAINER

#MehmetScholl #NLZ #DFB #JohanCruyff

Mehmet Scholl hat die Trainerausbildung beim DFB scharf kritisiert. „Gehirnwäsche" nennt er das, was da passiert. Mehmet macht sich Sorgen um uns Straßenfußballer: die Ribérys, die Robbens werden heutzutage von der neuen Trainergeneration aussortiert, weil sie unbequem sind. Mehmet meint, ganz oben kommt nur noch eine weichgespülte Masse an, die zwar relativ erfolgreich sein wird, aber niemals die ganz großen Titel gewinnt. Der Grund dafür liegt für Mehmet in der Trainerausbildung. Dort werden die falschen Schwerpunkte gesetzt. Und ich stimme ihm da voll zu.

Diese neuen Laptoptrainer können nicht mehr mit jungen Spielern umgehen. Ich habe zu einigen Trainern gesagt: „Deine Taktik, die kannst du mal einrahmen und bei dir in die Küche hängen, ich habe heute meine eigene dabei!"

Wenn das heute ein Spieler macht, dann ist er sofort erledigt. Unter dieser Trainergeneration wird es keinen Johan Cruyff mehr geben, keinen Cantona, keinen Effenberg, keine Straßenfußballer mit eigenem Kopf. Ein Straßenfußballer wird ein modernes Jugendleistungszentrum mit diesen Trainern nicht überleben, nicht mal eine Woche. Das Ausbildungsziel heute lautet: Fußballroboter statt Freigeist.

Die Spieler dürfen heute nicht mehr kreativ sein. Sie müssen Wasser saufen, Salat fressen und neben dem Platz Messdiener sein.

Da stimmt doch grundsätzlich was nicht. Fußball ist Unterhaltung, Fußball ist Emotion. Es wird doch auch kein James Bond ohne einen James Bond gedreht. Wenn in Hollywood die Hierarchie so flach wäre wie in einem Bundesligaklub, dann gäbe es keine Hauptdarsteller mehr.

Lieber DFB, was kommt als Nächstes bei der Ausbildung zum Fußballlehrer? Arbeitet ihr vielleicht schon dran, dass die Trainer das vegetative Nervensystem des Spielers auch noch beeinflussen können, damit die Spieler demnächst komplett ferngesteuert sind und 80 Systeme auswendig spielen können? So weit darf es nicht kommen!

Wir wollen doch alle die Straßenfußballer sehen. Spieler, die mit einer genialen Idee ein Spiel entscheiden können. Für solche Freigeister zahlen wir Eintritt. Das solltet ihr euch mal merken, ihr Laptoptrainer.

Was ist denn nur los bei der Fußballlehrerausbildung in Köln? Ich glaube, ich muss mich da mal anmelden. Ich mache den Fußballlehrer und bringe denen die Straße zurück, zurück in die Trainerausbildung. Dann könnt ihr mal sehen, wie wichtig die Straße ist.

ODE AN DEN BOLZPLATZ

#Bolzplatz #NLZ #Messi #CristianoRonaldo #Maradona #ZinédineZidane #ZlatanIbrahimovic

Ab sofort gehören Bolzplätze zum NRW-Kulturerbe. Ich würde sogar noch einen Schritt weitergehen: Der Bolzplatz muss Weltkulturerbe werden. Das ist längst überfällig. Auf dem Bolzplatz lernst du Straßenfußball. Die besten haben es hier gelernt: Messi, Maradona, Cristiano, Mbappé, Podolski, die Boatengs – alle haben sich ihre technischen Skills auf Bolzplätzen geholt.

Meine Generation kannte noch keine PlayStation, meine Generation war auf dem Bolzplatz, jeden Tag, bis es dunkel wurde. Der Bolzplatz war der Treffpunkt für alle. Ganz egal, woher du kamst, ob du Deutscher, Italiener, Türke oder Araber warst. Ganz egal, ob deine Eltern reich oder arm waren. Ganz egal, an welchen Gott du glaubst. Wenn wir gebolzt haben, waren wir alle gleich.

Selbst das Bonzenkind durfte mitspielen. Aber eigentlich nur aus einem Grund: Weil dem Bonzenkind der Ball gehörte.

Am Anfang wollten mich die anderen nicht mitspielen lassen. Um dazuzugehören, musste ich mich erst prügeln. Danach haben wir uns dann vertragen und haben Fußball gespielt. Aber auch das gehörte irgendwie dazu. Auf dem Bolzplatz habe ich gelernt, mich durchzusetzen und viele Freundschaften geschlossen. Mit vielen der Bolzplatzkinder von damals bin ich heute noch gut befreundet.

April
21
2018

Die meisten Kids heute lernen Fußball nicht mehr auf dem Bolzplatz. Heute gibt es Leistungszentren. Da werden dann Fußballer herangezüchtet, die nach Plan arbeiten. Die können dann zwar 80 Systeme auswendig spielen, haben aber ein Problem, wenn sie einfach mal einen Gegner ausspielen sollen. Denn wenn du in einem Leistungszentrum deinen eigenen Kopf hast, dann bekommst du Probleme.

Zum Beispiel, wenn du im Angriff mal eine Idee hast, die nicht mit dem Trainer abgesprochen ist. Da kann es dann schon mal passieren, dass du ausgewechselt wirst und dir noch einen dummen Kommentar vom Trainer fängst: „Hör mal, mein Freund, eins gegen eins, das geht hier nicht." Individualität überlebt nicht lang in so einem Leistungszentrum, und genau das ist der Grund, warum uns in Deutschland inzwischen die genialen Einzelkönner fehlen, die auch mal ein Spiel alleine entscheiden können.

Ich will wieder ein paar Freigeister auf dem Fußballplatz sehen, die ihrem Trainer auch mal sagen: „Trainer, deine Taktik, die kannst du dir einrahmen und in die Küche hängen. Ich habe meine dabei, und die ist verdammt gut."

Johan Cruyff, Zinédine Zidane, Zlatan Ibrahimović – das sind alles Bolzplatzkinder, und wenn der DFB und die Vereine in ihren Leistungszentren weiterhin jede Art von Individualität ersticken, dann befürchte ich, dass die genialen Straßenfußballer aussterben. Es sind aber doch genau diese Jungs, die uns den Spaß am Fußball vermitteln, die ein Stück weit wahnsinnig sind, die mal was riskieren, die mutig sind.

Ich will die Bolzplätze zurück haben. Lasst die Jungs aus den Leistungszentren doch einmal die Woche auf den Bolzplatz, ohne Trainer. Lasst sie bolzen, lasst sie selbst eine Mannschaft wählen, gebt ihnen einen Ball und lasst sie einfach nur bolzen.

Irgendwann wird sich die Straße den Fußball zurückholen.

CASPER UND MARTERIA

#Casper **#Marteria** **#ArminiaBielefeld** **#HansaRostock** **#FCBayern**

Casper und Marteria sind zwei sehr authentische Typen. Mit Casper verbindet mich natürlich Arminia Bielefeld. „Eines Tages an der Spitze stehen" ist ein Kultsong von Casper über Arminia. Übrigens, Casper: Ich weiß sogar, wie das ist, mit Arminia in der Bundesliga an der Spitze zu stehen. Vielleicht erinnerst du dich? Ich bin als Tabellenführer mit Arminia Bielefeld zu den Bayern gefahren. Ich war also schon ganz oben, mein Freund. Nicht lange, wir haben das Spiel in München 2:6 verloren, danach waren wir nicht mehr an der Spitze. Die Arminiafans hatten ein Transparent mit im Gästeblock in München. Darauf stand: „Der Spitzenreiter gibt sich die Ehre." Vielleicht warst du ja sogar dabei?

Aber ich war an der Spitze der Bundesliga, mit Arminia. Platz eins – ich weiß, wie sich das anfühlt.

Eines Tages … können wir vielleicht die Champions League gewinnen. Könnte klappen, wenn Arminia Bielefeld so spielen würde, wie Casper rappt. Wenn Casper allerdings so rappen würde, wie er Fußball spielt, dann reicht das nicht mal für die Thekenmannschaft.

Marteria ist für mich wirklich der absolute Wahnsinn. Es gibt ja Menschen, die völlig talentfrei sind – wie man an den Typen bei 1Live sieht. Marteria dagegen weiß gar nicht wohin mit seinen Talenten: Model, Rapper, U17-Nationalspieler – und wenn er für all diese drei Dinge keine Zeit hat, dann rettet dieser Mann noch ganz nebenbei Hansa Rostock mit einem Benefizspiel. Ausverkauftes Ostseestadion, und ich durfte sogar mitspielen.

Casper und Marteria, „1982" heißt euer neues Album. 1982 seid ihr beide geboren. Soll ich euch mal verraten, was ich 1982 gemacht habe? 1982 war ich 13 Jahre alt. Mein Vater war Schuhverkäufer, und was habe ich nachts gemacht – sein Auto geklaut! Ich kann mich an eine Vollbremsung erinnern, da sind die ganzen Schlappen nach vorne geflogen. Das ist aber inzwischen verjährt, hoffe ich. Trotzdem muss 1982 anscheinend ein gutes Jahr gewesen sein. Ihr beide seid der lebende Beweis.

EINER VON UNS

von Casper

Beim Videodreh für „Supernova" von Casper und Marteria

Ein Fußballstadion habe ich das erste Mal gemeinsam mit meinem Stiefvater besucht, als ich 13 Jahre alt war. Am 5. Juni 1995, Arminia Bielefeld zuhause auf der Alm gegen Eintracht Trier. Nach sieben Jahren Drittklassigkeit feierte die Arminia an diesem Tag mit einem 1:1-Unentschieden ihren Aufstieg in die 2. Bundesliga – und ich feierte mit ihr.

Fußball fand für mich bis dahin ausschließlich im Fernseher statt: auf das Wesentliche zusammengeschnitten, Stunden nach dem eigentlichen Spiel. Irgendwie weit weg. Aber plötzlich war ich mittendrin: Die lauten Fangesänge, der ungefilterte Blick auf den Rasen, die Euphorie nach einem Tor, das Stürmen des Spielfeldes nach dem Sieg – all das war neu und aufregend für mich.

Ich muss gestehen, dass ich bis zu diesem Zeitpunkt Fan von Borussia Dortmund gewesen war. Ich kam aus den USA; Fußball und die Bundesliga waren mir fremd. Nach meiner Ankunft suchte ich mir also einfach die Mannschaft mit den subjektiv betrachtet schönsten Trikot raus.

Aber an diesem Juni-Tag, in diesem Moment war für mich klar, dass ich ab jetzt Fan von Arminia Bielefeld sein würde. Mir war noch gar nicht bewusst, wie nah dieser Verein ist – aber diese Stimmung im Stadion an diesem Nachmittag hat etwas mit mir gemacht. Heute kann ich absolut nicht mehr nachvollziehen, wie man Fan einer Mannschaft aus einer Stadt sein kann, ohne aus der Umgebung zu stammen oder zumindest mal dort gelebt zu haben. Von diesem denkwürdigen Tag an war ich öfters im Stadion, ab meiner Studienzeit in Bielefeld dann mit Freunden auch bei fast jedem Heimspiel. Es gab einige Aufs und ein Vielfaches mehr an Tiefs. Geblieben bin ich trotzdem immer.

So um 2001/2002 muss mir Ansgar das erste Mal aufgefallen sein. Nicht nur wegen seines Ausnahmetalents als Fußballer, sondern immer wieder auch im Bielefelder Nachtleben, wo er komplett mit der Rolle des streng von PR und Management geleiteten Profisportlers brach.

Ansgar war einer von uns. Ein Wilder, einer der Bock auf Leben hatte. Solche Spieler, habe ich oft das Gefühl, gibt es heute nicht mehr – oder vielleicht richtiger: darf es heute nicht mehr geben. Einer wie Ansgar würde heutzutage sofort als schwer zu kontrollieren oder nicht vermarktbar abgestempelt und aussortiert. Ganz egal, wie gut die Leistungen auf dem Feld auch wären.

2018 habe ich Ansgar für die Rolle meines Trainers im Musikvideo zum Song „Supernova" von mir und meinem Kollegen Marteria angefragt, und er hat sofort zugesagt. Eine große Ehre war das, ich war aufgeregt wie Sau. Aber dann war er vor Ort exakt so, wie man sich Ansgar Brinkmann vorstellt: auf dem Boden geblieben, ehrlich, schelmisch, respektvoll. Einer zum Pferdestehlen. Jemand, mit dem man gern ein Bier trinken geht.

Eben genau der, der bis heute zu jedem Heimspiel geht. Alleine durch die Menge, in die Menge. Einer von uns.

*Casper (*25. September 1982 in Lemgo) heißt mit bürgerlichem Namen Benjamin Griffey. Kurz nach seiner Geburt zog die Familie in die USA. Mit elf kehrte er nach Ostwestfalen zurück. Nach dem Abitur und einem kurzen Ausflug an die Uni Bielefeld widmete sich Casper ganz der Musik, megaerfolgreich. Vier seiner Alben schafften es auf Platz eins der Charts. Bei den Fans von Arminia Bielefeld hat sein Track „Eines Tages", den er zu einem Sampler anlässlich des 100. Geburtstags des Vereins beisteuerte, Kultstaus.*

September 08 2018

LÖHMANNS-RÖBEN

#JanLöhmannsröben #1.FCKaiserslautern #FSVZwickau #Maradona #SSCNeapel #UdineseCalcio

Jan Löhmannsröben vom 1. FC Kaiserslautern hat vor laufender Kamera richtig einen rausgehauen. Nach einem 1:1 in Zwickau ist ihm der Kragen geplatzt, weil der Schiedsrichter dem FCK beim Stand von 1:0 zunächst einen Elfer verweigert hat, um im Gegenzug nach 'nem fragwürdigen Handspiel einen Elfmeter für Zwickau zu pfeifen.

Aber nicht mit Jan Löhmannsröben:

„Wenn das ein Schiri ist, weiß ich nicht, Digga, soll der Cornflakes zählen gehen, aber soll er erst mal Kreisliga pfeifen und mal die Augen aufmachen. Das ist ja eine absolute Frechheit."

Endlich mal ein Spieler, der sagt, was er denkt, ohne die Hand vor dem Mund zu haben.

Ganz ehrlich, ich habe so was Diplomatisches lange nicht mehr gehört im Fußball. Leider geil! Jan, dein Problem ist jetzt nur: Der DFB ist fertig damit, Cornflakes zu zählen, die haben jetzt wieder Zeit und werden wegen Schiedsrichterbeleidigung gegen dich ermitteln. Das wird nicht lustig, mein Freund, da bin ich mir sicher.

Ich bin definitiv kein Moralapostel und ein Freund klarer Worte, auch auf dem Platz. Ich komme aus einer Zeit, in der es völlig normal war, dass man zu einem Gegenspieler gesagt hat: „Du H****sohn, du kommst in die Hölle, f*** dich!" Heute ist das leider nicht möglich. Die Kameras und Mikrofone sind allgegenwärtig, und wenn sie was nicht aufzeichnen, sitzen noch Lippenleser auf der Tribüne, die alles dokumentieren, was auf dem Platz gesprochen wird.

Lieber DFB, bitte seid gnädig mit Jan. Das ist ein guter Junge. Der sagt eben einfach mal, was er denkt. Das hatten wir lange nicht mehr. Ihr wisst doch genauso gut wie ich, dass Jan und ich in die Hölle kommen.

Das wird vermutlich auch Rolando Mandragora von Udinese Calcio in der Serie A passieren. Rolando ist des Fluchens auf dem Platz überführt worden. In Italien hat offensichtlich nicht der Fußballverband das Sagen auf dem Platz, sondern der Papst. Rolando wurde von Lippenlesern überführt. Er soll die Jungfrau Maria beleidigt haben. Das ist kein Witz. Er wurde dafür sogar für ein Spiel gesperrt. Aber eigentlich kann er noch froh sein, dass er nicht sofort auf dem Scheiterhaufen gelandet ist. Das ist ja fast wie im Mittelalter in der Serie A.

Jetzt weiß ich auch, warum Diego Maradona sich vor und nach jedem Spiel in Neapel bekreuzigt hat. Wenn Diego auf dem Platz beim Fluchen erwischt worden wäre, dann wäre er vermutlich auch auf dem Scheiterhaufen gelandet. Allerdings wäre danach ganz Napoli eine Woche high gewesen. Keine Macht den Drogen!

Die Wutrede von Jan Löhmannsröben veranlasste vereinsübergreifend zahlreiche Fans, Unmengen an Cornflakes-Packungen an den DFB zu schicken. Jan Löhmannsröben wurde trotzdem in der sogenannten Cornflakes-Affäre vom DFB-Kontrollausschuss zu einer Geldstrafe von 1.200 Euro verurteilt. Seine Teamkollegen vom 1. FC Kaiserslautern zeigten sich solidarisch und beglichen die Strafe aus der Mannschaftskasse.

Oktober
06
2018

KREIS-
KLASSE

#BVCloppenburg **#DFB** **#ReinhardGrindel**

Wenn du nachts bis fünf Uhr unterwegs warst und dann am nächsten Morgen verkatert in die Kabine kommst und es nach Bier riecht ... wenn du den Platz betrittst und der Boden gefroren ist ... wenn eine Windböe von rechts kommt und der Ball einfach vom Platz geweht wird ... und wenn du sie von draußen rufen hörst: „Ey, der hat schon Gelb", „Hau ihm in die Beine" – dann bist du in der Kreisklasse.

Da haben wir alle mal gespielt, auch ich. Und das ist noch gar nicht so lange her.

Ich habe es tatsächlich geschafft, innerhalb kürzester Zeit fünfmal suspendiert zu werden. Im Sommer war ich noch Zweitligaspieler bei Mainz 05, im Winter habe ich dann Kreisklasse gespielt, beim BV Cloppenburg 2. Das ist kein Witz, ich habe mich selbst bis in die Kreisklasse suspendiert. Das ging ganz schnell. Ich war 27, im besten Fußballeralter. Und kurz vor meiner Kreisligakarriere war ich noch Kapitän des BV Cloppenburg in der Oberliga. Bei der Weihnachtsfeier habe ich dann gesagt: „Ob bei uns der Trainer oder der Busfahrer auf der Bank sitzt, ist im Prinzip dasselbe."

Noch am selben Abend habe ich meinen Dienstwagen abgeben müssen, in der Woche drauf wurde ich zur zweiten Mannschaft suspendiert – die spielte eine Klasse über der Thekenmannschaft.

Und Leute, glaubt mal nicht, dass ich beim BV Cloppenburg 2 in der Startelf stand. Nein, ich saß auf der Ersatzbank. Der Trainer sagte mir, er wolle kein Risiko eingehen.

Auf der Bank hat mir dann ein Mitspieler gesagt: „Ansgar, es ist mir eine Ehre, heute mal mit einem Profi zu kicken." Und im Laufe des Gesprächs erzählte er mir, dass er noch nie ein Tor gemacht habe. Da habe ich zu ihm gesagt: „Pass mal auf, mein Freund, du kommst heute bestimmt vor mir ins Spiel, und wenn ich eingewechselt werde, egal wo du bist auf dem Platz, du sprintest zum Fünfmeterraum des Gegners und wartest da auf mich." Und genauso ist es gekommen. Ich werde erst kurz vor Schluss eingewechselt, weil der Trainer das Spiel dann doch gewinnen wollte.

Ich bekomme den Ball, lasse zwei, drei Gegenspieler aussteigen und sehe meinen zuvor eingewechselten Bankkumpel am Fünfer stehen. Ich hab ihm den Ball vorgelegt, er hat das Ding reingebrettert, und allein das war es schon wert, einen Ausflug in die Kreisklasse gemacht zu haben. Der Typ ist abgegangen, als hätte er das entscheidende Tor im WM-Finale geschossen. Ich habe weder davor noch danach einen Spieler so jubeln sehen. Der Mann ist jubelnd aus dem Stadion gerannt.

Das ist pure Freude. Das ist ehrliche Freude. Das ist Kreisklasse.

Lieber DFB, lieber Herr Grindel, wie ihr wisst, gebe ich euch ja gerne mal Ratschläge, also gut zuhören jetzt:

Einmal im Jahr müsst ihr dafür sorgen, dass Spiele live aus der Kreisklasse übertragen werden, dann habt ihr wenigstens einmal im Jahr ehrlichen Fußball gezeigt.

Dezember
01
2018

FREUNDSCHAFT

#UliHoeneß **#PaulBreitner** **#FCBayern**
#ThorstenLegat **#Dschungelcamp**

Uli Hoeneß und Paul Breitner – das waren mal allerbeste Freunde. Das ist lange her, und jetzt gehen sie aufeinander los, nicht zum ersten Mal. Eigentlich unglaublich: Zwei Freunde, zwei Fußball-Legenden, die sich schon so lange kennen. Bayern-Präsident Uli Hoeneß hat Bayern-Ehrenspielführer Paul Breitner von der Ehrentribüne der Allianz-Arena verbannt. Und warum? Weil Paul Breitner einfach Paul Breitner war, der ewige Rebell. Der Paul hat es doch tatsächlich gewagt, seinen Kumpel Uli für seine unsägliche Pressekonferenz wenige Tage zuvor zu kritisieren.

Paul hat im bayrischen Fernsehen gesagt: „Es geht immer bei ihm (dem Uli) um die Familie, die FC-Bayern-Familie. Dann müssen heute die Kinder dieser FC-Bayern-Familie sagen: für den Papa, für den müssen wir uns jetzt mal gewaltig schämen."

Diese Freundschaft ist vorerst wohl auf Eis gelegt. Aber was bitte ist los mit euch? Früher habt ihr zusammen in einer WG gewohnt, ihr habt sogar zusammen in einem Bett geschlafen. Ich möchte gar nicht wissen, was ihr dort noch so alles gemeinsam gemacht habt. Ihr habt zusammen alles gewonnen, was man im Fußball gewinnen kann. Ganz ehrlich: Früher, da hättet ihr euch wegen so was im Training mal kurz angeschrien, hättet euch gegeneinander weggewichst, und danach hättet ihr zusammen ein schönes Weizen getrunken.

Thorsten Legat, der Hulk aus Bochum, hat mich auch mal im Fernsehen beleidigt, als ich freiwillig das Dschungelcamp verlassen habe. Da habe ich noch Glück gehabt, denn Legat holt auch schon mal 'ne Machete aus dem Kofferraum, wenn ihm ein Fahrradfahrer die Vorfahrt nimmt.

Damals habe ich Thorsten Legat über die Medien gesagt: „Thorsten, pass auf, wir beide können das fair regeln, wir treffen uns mal im Ring, dann haue ich dir aufs Maul."

Beim Abschiedsspiel von David Odonkor haben wir uns dann getroffen und das aus der Welt geschafft. Wir haben uns kurz ausgesprochen und damit war die Sache dann auch wirklich erledigt. Thorsten Legat und ich, wir sind das beste Beispiel, dass man sich auch wieder vertragen kann.

Thorsten Legat: Waldorfschule, Ansgar Brinkmann: Hauptschule.

Uli Hoeneß, Paul Breitner: zwei Studierte. Das merkt ihr selbst, oder?

Also es wäre doch gelacht, wenn ihr beiden Weltmeister das nicht hinbekommt.

Lieber Uli, lieber Paul, lasst euch mal eins gesagt sein vom letzten Rebellen des Fußballs: Freundschaft ist wichtiger als Fußball oder der FC Bayern.

„Wir sind Straße!"

von Torsten Legat

Ich habe Ansgar während meiner Zeit in der U19 vom VfL Bochum kennengelernt. Es war das Halbfinale um die Deutsche Meisterschaft: Bochum gegen Bayer Uerdingen mit Ansgar. Ein blonder, auffälliger Typ, der richtig gut am Ball war. Der war allerdings damals schon etwas crazy und durchgedreht, weil der Sachen mit dem Ball gemacht hat, die kannte ich so noch nicht, weil ich selber von der Straße gekommen bin.

Das hat mir sehr imponiert. Mitten im Spiel habe ich mich verletzt. Mittelfußbruch nach einer kleinen Bewegung am Mittelkreis. Da hat's richtig geknallt. Da können die Uerdinger heute noch froh sein, sonst hätte ich sie alleine abgeschossen. Man hat mich sofort aufgefordert, schnellstmöglich ins Krankenhaus zu gehen, aber ich habe gesagt: „Ich kann doch meine Mannschaft nicht alleine lassen. Das ist das Halbfinale!"

Thorsten Legat

Ich hab mich also an den Spielfeldrand gesetzt, Fuß hoch und alle Gegner durchbeleidigt. Ansgar, Marcel Witeczek, alle anderen. Das hat geholfen, trotzdem haben wir am Ende 1:2 verloren, und Uerdingen hat sich sogar den Titel geholt.

Ansgar hat etwas gehabt, was kein anderer hatte: Der hat Dinger mit dem Ball gemacht, die kannte ich nicht im technischen Bereich. Hab ich nie gesehen. Das war so ein Übersteiger, entgegengesetzt. Damit hat er immer wieder Erfolg gehabt. Ich hab immer, wenn ich gegen Ansgar spielen musste, Probleme damit gehabt. Aber im Nachhinein habe ich mehr gewonnen als er.

Ansgar hatte 39 Trainer in 20 Jahren. Das ist für mich undenkbar und auch nicht nachvollziehbar. Ich hab immer in den höchsten Klassen spielen wollen, was mir auch gelungen ist. Ich hatte nur fünf Vereine: Bochum, Bremen, Frankfurt, Schalke und Stuttgart. 39 Trainer, das ist unfassbar. Das ist ungefähr so, als wenn du einkaufen gehst und mit 39 Tüten wiederkommst.

Ich bin heute selbst Trainer, und wenn ich einen Typen wie Ansgar in meiner Mannschaft hätte, dann wäre klar: Ich bin das Oberhaupt. Ich bin hauptverantwortlich für alles. Ich würde Ansgar unter vier Augen sprechen, würde ihm einen auf die Zwölf hauen, würde ihm in den Arsch treten und danach wieder rausschicken.

Man muss aber auch sagen: Ansgar ist ein Rammbock, ein Sturkopf, er hat sich nie was sagen lassen. Ich erinnere mich an seinen Auftritt im Dschungelcamp. Da wollte RTL ihn zurechtweisen, und dann ist er gegangen. So ähnlich muss es mit seinen Trainern gewesen sein.

Wir haben uns nach dem Dschungelcamp etwas gebattelt. RTL hat mich aufgefordert, Ansgars freiwilligen Auszug zu kommentieren. Wenn ich was sage, dann ist es egal, ob es um meinen besten Freund oder um meine Familie geht: Wenn jemand scheiße gebaut hat, dann sage ich ehrlich meine Meinung. Ansgar fand das nicht gut, hat dann aber überlegt und festgestellt: Der Toto, der ist so ein bisschen wie ich, ehrlich und geradeaus. Und deshalb haben wir uns auch schnell wieder vertragen, beim Abschiedsspiel von David Odonkor in Aachen. Ansgar ist auf mich zugekommen, hat mich umarmt und hat gesagt: „Toto, weißte was? Wir beide sind Straße! Ich liebe dich!" Da war alles wieder gut.

Und das stimmt. Ansgar und ich, wir sind Straße. Solche Typen gibt's im modernen Fußball nicht mehr. Das liegt vielleicht daran, dass die jungen Spieler heute keine wirtschaftlichen Probleme mehr haben. Denen wird alles geboten. Du musst dich nicht mehr durchbeißen, die Kohle wird dir eh in den Arsch geschoben. Verdammt, wo soll das mal hinführen? Bald hast du nur noch aalglatte Spieler, mit denen du keinen Krieg mehr gewinnen kannst. Irgendwann geht der Fußball vor die Hunde. Es gibt keine Leitwölfe mehr, da mache ich mir schon Sorgen um den deutschen Fußball. Wir brauchen wieder mehr Effenbergs, mehr Legats und mehr Brinkmanns, aber die werden nicht mehr zugelassen. Die Vereine wollen lieber Jasager, denen sie vorgeben: Passt auf, sagt bloß nichts Falsches, sonst seid ihr euren Vertrag los. Das ist falsch. Die Spieler brauchen mehr Freiheiten, mehr Emotionen. Das wollen die Zuschauer doch sehen. Matthäus, Legat, Basler, Brinkmann, Effenberg. Das sind Spieler, die haben zwar einen Nagel im Kopf, aber die sind spannend. Und genau diese Spielertypen fehlen.

Ich habe Ansgar bewundert, wenn er gespielt hat, auf der Bielefelder Alm. Wie er durchmarschiert ist, gnadenlos. Wie er sich den Ball genommen hat, 60, 70 Meter, lässt den Torwart noch aussteigen und macht das Ding. Da wären andere auf der Hälfte der Strecke ins Koma gefallen. Wir hatten den absoluten Willen für solche Nummern. Und das fehlt den Spielern heute.

*Thorsten Legat (*7. November 1968 in Bochum) spielte viele Jahre in der Bundesliga für den VfL Bochum, Werder Bremen, Eintracht Frankfurt, VfB Stuttgart und Schalke 04. Er wurde deutscher Meister und Pokalsieger (dreimal) und gewann den Europapokal der Pokalsieger. Nach seiner aktiven Karriere trat er in vielen TV-Shows auf – legendär seine Teilnahme am Dschungelcamp (Kasalla!) im Jahr 2016. 2014 erschien seine Biografie „Wenn das Leben foul spielt" im Werkstatt-Verlag.*

Januar 26 2019

KEVIN-PRINCE BOATENG

#EintrachtFrankfurt #FCBarcelona #RealMadrid #KevinPrinceBoateng

Kevin-Prince Boateng ist im Spätherbst seiner Karriere beim großen FC Barcelona gelandet. Eigentlich wollt er sich bei einem kleinen Verein in Italien auf den Fußballerruhestand vorbereiten. Doch jetzt dreht er mit 31 noch mal richtig auf.

Es gibt allerdings ein kleines Problem. Kevin-Prince Boateng sitzt jetzt in einer Kabine mit Fußballgott Messi, mit Superstar Luis Suárez, mit Marc-André ter Stegen. Wenn sie dann duschen gehen, könnte es passieren, dass der ein oder andere Weltstar Boateng auf sein auffälligstes Tattoo anspricht. Boateng trägt nämlich eine große Krone auf dem Hals bis in den Nackenbereich.

Kevin-Prince Boateng hat sich eine Krone tätowieren lassen, weil sein Herzensverein Real Madrid ist – die Königlichen.

Stell dir vor, du wechselst von Dortmund nach Schalke und hast das BVB-Logo groß auf deiner Haut verewigt, unveränderbar. Da freuen sich bestimmt alle auf Schalke. Da jubeln alle, da gibt's Geschenke. Ich fürchte, deine Überlebenswahrscheinlichkeit ist größer, wenn du 100 Kilometer durch ein Minenfeld läufst.

Ich bin mal von Osnabrück nach Münster gewechselt – das geht gar nicht. Lebensgefahr. Dann bin ich von Osnabrück nach Bielefeld gewechselt – das geht auch gar nicht, ebenfalls lebensgefährlich. Irgendwie, ich weiß nicht warum, haben mir die Fans diese Wechsel immer verziehen. Ich bin unterwegs wie die Schweiz, ich bin einfach neutral. Ich möchte aber nicht wissen, was los gewesen wäre, wenn ich in Münster mit dem Osnabrück-Logo auf dem Hals unterschrieben hätte.

Dem FC Barcelona kann man nur zu diesem Transfer gratulieren. Sie haben sich einen der letzten echten Typen, die es im Fußball noch gibt, geholt. Kevin-Prince ist Straße.

Wer mit Eintracht Frankfurt den DFB-Pokal gewinnt und im Anschluss auf dem Frankfurter Römer steht, mit Bengalos in der Hand. Wer nach Spielen ein Bier trinkt und entspannt ’ne Kippe raucht. Wer sich gegen Rassismus einsetzt und sogar eine Rede vor der Uno hält – der hat unseren Respekt verdient.

So, mein Freund und Freigeist Kevin-Prince Boateng, irgendwann treffen wir beiden uns in Frankfurt und feiern deine Karriere. Dann werden wir es garantiert in die 20-Uhr-Nachrichten schaffen, aber nicht sportlich. Darauf freue ich mich jetzt schon.

Ansgar, die Preußen & ich

von Klaus Fiehe

Der Fußballspieler Ansgar Brinkmann ist mir erstmals im Herbst 1989 aufgefallen. Brinkmann war 20 Jahre alt, er trug das lilafarbene Trikot des VfL Osnabrück und gastierte mit seiner Mannschaft im Stadion an der Hammer Straße in Münster. Meine dort beheimateten Preußen hatten nach einer ganzen Reihe vergeblicher Anläufe in den Jahren zuvor endlich den Sprung aus der alten Oberliga Westfalen in die 2. Bundesliga geschafft und galten im Vorfeld dieser Partie gar als leichter Favorit. Nach reichlich durchwachsenem Start nämlich hatten die Adlerträger durch einen unerwarteten Auswärtssieg auf Schalke reichlich Wind unter die Flügel bekommen und rangierten aktuell im vorderen Mittelfeld der Liga.

Vor dem jungen Blondschopf Brinkmann war freilich in Artikeln der örtlichen Presse gewarnt worden, und das hatte allein sportliche Gründe. Brinkmann galt als trickreich, schnell und torgefährlich. Zudem waren derart junge Spieler in Profimannschaften der ausgehenden 1980er Jahre lange nicht so verbreitet, wie sie es heute sind. Gerüchte, Tuscheleien, Geraune – was ist dran an diesem angeblich so hoch veranlagten Talent Ansgar Brinkmann? Auch ganz ohne Internet war es in den Tagen vor diesem Nachbarschaftsduell ein Leichtes, um diesen Spieler herum eine Art von lokalem Hype zu inszenieren, der mir merkwürdigerweise recht klar in Erinnerung geblieben ist. Doch Ansgar Brinkmann tat in diesem Spiel vor 20.000 Zuschauern zunächst das, was viele Spieler in seinem Alter in solcherlei Begegnungen zunächst zu tun pflegen: Er fiel nicht weiter auf. Das änderte sich freilich schlagartig nach etwa einer Stunde Spielzeit. Osnabrück hatte die Führung der Preußen gedreht und lag inzwischen 2:1 vorne. Brinkmann kam in Höhe der Mittellinie an den Ball, nahm in Bruchteilen von Sekunden Tempo auf und dribbelte sich bei enorm enger Ballführung an drei sich ihm in den Weg stellenden Preußen vorbei. Dabei trommelte er zunächst in hoher Schlagzahl mit den Füßen auf den Rasen, seine schnellen Trittfolgen nahmen sich aus wie der tempogeladene Lauf eines Trabrennpferds. Dann wechselte er in eine Art von Galopp, stürmte auf der Tribünenseite vor in Richtung der gegnerischen Torauslinie und spielte den Ball von dort enorm hart geschossen quer vor das gegnerische Tor, wo der mitgelaufene Osnabrücker Defensivmann Paul Jaschke nur noch einschieben musste.

Das also war Ansgar Brinkmann. Ein Spieler, der an diesem Nachmittag innerhalb von nur wenigen Sekunden all das ausbreitete, was ihn für die nächsten knapp 20 Jahre zu einem der ungewöhnlichsten Fußballspieler dieses Landes würde werden lassen. Der weiße Brasilianer, so ist er später gerne genannt worden. Diese Art von Zuschreibung hängt ihm bis heute nach, und um ehrlich zu sein: Ich selber fremdele ein wenig mit ihr. Sie wirkt gekünstelt, manieriert. Sie wirkt wie die am Ende etwas ungelenke Sprachschöpfung eines nassforschen Redakteurs, der Fußball letztlich nur vom Blick auf einen seiner zahlreichen Monitore kennt. Oder von Interviews im Kabinentrakt der Allianz-Arena. Und sich nicht darum schert, dass da irgendwann dann auch noch ein zweiter weißer Brasilianer aufgetaucht ist: der Leverkusener Bernd Schneider. Für mich ist Ansgar Brinkmann in all den Jahren immer einfach nur Ansgar gewesen. Die Nennung seines Vornamens reichte vollkommen aus, und jeder auch nur halbwegs Fußballinteressierte wusste umgehend, wer gemeint ist. Mit diesem Spieler, den ich Ansgar nenne, verbinde ich zudem, dass der in der Kleinstadt Vechta geborene Fußballer immer auch einer von uns gewesen und geblieben ist. Uns, die wir als Kinder mit Spielgeräten aller Art auf Asche, auf löchrigen Wiesen, auf Schulhöfen, Straßen und vor Garagentoren in jeder freien Minute versucht haben, dem verwegenen Traum von Bernabéu ein weiteres Dribbling näherzukommen. Und die wir dann doch irgendwann hängen geblieben sind, sei es in der Kreisklasse, beim Freizeitkick, in der Betriebsmannschaft oder im Vorgarten beim Spiel mit den eigenen Kindern oder Jungen und Mädchen aus der Nachbarschaft.

Auch Ansgar hat es nicht ganz bis Bernabéu geschafft. Stattdessen landete er bei den Preußen aus Münster. Deren Zweitligaabenteuer war nach bereits zwei Spielzeiten durch den Abstieg in die alte Oberliga Westfalen jäh beendet worden. Die Verantwortlichen freilich ließen nichts unversucht, um in diesen frühen 1990er Jahren den erneuten Aufstieg zu bewerkstelligen. Und Ansgar Brinkmann sollte dabei helfen. Neben ihm standen gute Leute: der kleine Filigrantechniker Christos Orkas etwa, der nicht sonderlich schnelle, aber enorm routinierte Abwehrspieler Paul Jaschke, den alle nur liebevoll die Wanderdüne riefen; dazu im Sturm der bullige Eric Groeleken, den man aus den Niederlanden nach Münster gelotst hatte. In diesem für Oberligaverhältnisse hochkarätigen Ensemble war Ansgar womöglich nicht der Führungsspieler, aber er war eine echte, eine verdammt gute Waffe. Unvergessen ist mir sein Auftritt gegen das eigentlich grundsolide damalige Team des FC Gütersloh, dessen Abwehrverbund er im Minutentakt vor unlösbare Aufgaben stellte. Wie ein Puma schnellte er ein ums andere Mal durch diese Kette gegnerischer Spieler, die an diesem Nachmittag nur mehr wirkten wie alte hüftsteife Männer mit handfesten rheumatischen Beschwerden – Endstand: 4:0. Mit Ansgars Dribblings und Flankenläufen war die Meisterschaft in dieser Spielklasse zwei Jahre lang eine Art Selbstläufer, leider aber nicht gleichbedeutend mit dem Aufstieg in die 2. Bundesliga. Münster musste sich in einer Aufstiegsrunde mit den Meistern anderer Staffeln messen und scheiterte dabei insbesondere an den Vertretern der Niederrheinstaffel. An der Hafenstraße in Essen zeigte sich, wie einem Spieler der Marke Ansgar Brinkmann beizukommen war – durch konsequente Härte. Ansgar bekam unfassbar auf die Socken, mit zunehmender Spielzeit resignierte er, und auch Groeleken blieb in dieser Partie gänzlich blass – das Spiel endete 2:1 für RWE. Aus Münsteraner Sicht bleibt

festzustellen, dass mit Rot-Weiss Essen eigentlich nie sonderlich gut Kirschen essen war. An diesem Nachmittag vor voller Hütte in Essen und rund 4.000 mitgereisten Preußen-Fans zeigte sich indes auch etwas, das in der Fußballsprache gerne auch mal ganz martialisch so auf den Punkt gebracht wird: Mit Ansgar konntest du Schlachten gewinnen, aber keine Kriege. Ein Jahr später zerschellten zarte Aufstiegsträume am übermächtigen Wuppertaler SV.

Dem Fußballspieler Ansgar Brinkmann wurde Zeit seiner aktiven Laufbahn gerne bescheinigt, er könne spielend leicht innerhalb weniger Tage zwischen dem Level eines Kreisklassen- und dem eines Weltklassespielers pendeln. Aus meiner ganz persönlichen Sicht ist diese Beurteilung durchaus richtig. Ich selber habe ihm seine schlechten Spiele nie übel genommen. Ich kann mich auch nicht erinnern, dass Ansgar Brinkmann im Zuge seines insgesamt dreimaligen Andockens bei Preußen Münster jemals Pfiffen, Beschimpfungen oder gar Beleidigungen ausgesetzt gewesen wäre. Anlass dazu lieferte er bisweilen durchaus. Wenn er etwa rätselhaft lustlos wirkte. Wenn er haderte, vor allem mit sich selber. Und wenn seine ersten Dribblings innerhalb eines Spiels nicht taugten, trat er einem Gegenspieler in Höhe der Mittellinie auch schon mal von hinten sanft in die Hacken. Gerade so, dass es zur roten Karte reichte. Ansgar war bei solchen Aktionen weit entfernt von jedweder Art von Boshaftigkeit, im Grunde konnte er gar nicht wirklich foul spielen. Auf der Gegengeraden im Preußen-Stadion stöhnte ich dann auf, zog die beiden Silben seines Vornamens in die größtmögliche Länge und gab der ersten einen hohen, der hinteren einen maximal tiefen Klang.

Andere Zuschauer im Umfeld taten es mir gleich. Ansgars gebrauchte Tage fühlten sich für viele an, als habe sich da jemand ihren PKW geborgt und beim Zurücksetzen prompt einen Laternenmast gestreift. Ans-Gaa…… Man mochte ihm nicht wirklich böse sein, er war doch einer von uns. Bis heute kann Ansgar Brinkmann sich in sämtlichen Stadien der zahlreichen Vereine, für die er einst gespielt hat, völlig locker und ungezwungen bewegen; auf der Tribüne, als Experte vor laufender Kamera am Spielfeldrand, notfalls auch mit einem Trikot der Adlerträger aus Münster im Bereich der Arminen-Ultras aus Bielefeld. Die Leute winken ihm zu, fragen, wie es ihm geht, oder rufen einfach nur seinen Namen. Seinen Vornamen: Hey Ansgar! Bielefelds Jahrhundert-Trainer Ernst Middendorp hat bei einer Gelegenheit einmal gesagt, im Fußball ließe sich längst nicht alles mit Liter- und Zentimeter-Angaben beziffern. Das ist wahr! Brinkmanns Vermögen, sich heute in Stadien in Dresden, Osnabrück, Bielefeld, Münster und Frankfurt völlig arglos bewegen zu können, ohne dass auch nur einer ihn des im Grunde ja naheliegenden Söldnertums bezichtigen würde, ist für mich persönlich eine herausragende Lebensleistung. Die ihre Ursache vermutlich auch hier hat: Dieser immer noch recht jungenhaft wirkende Blondschopf hat es geschafft, eine auch uns aus Kindertagen nur zu vertraute, absolut urwüchsige und im Profisport hochriskante Variante des Fußballspiels völlig unverwässert und an allen nur denkbaren taktischen Vorgaben vorbei in die großen Arenen dieses Landes zu schmuggeln: die durch und durch archaische Eins-gegen-eins-Situation – du oder ich! Ansgar schuf ein ums andere Mal Situationen, gegen die auch der raffinierteste Matchplan gegnerischer Trainer nicht fruchtete. Denn nach Überspielen seiner Gegner war da plötzlich Raum und Weite auf dem ansonsten dicht besiedelten Platz. Und die deutlich vernehmbare auflodernde Freude auf den Rängen angesichts einer solchen Situation galt dem, was dieser Spieler gerade in dieses Spiel hinein gezaubert hatte: Freiheit.

Ansgar wechselte von Münster aus nach Mainz, wo Zweitligaspiele Mitte der 1990er Jahre kaum mehr als 5.000 Leute zogen und er das Zimmer mit Jürgen Klopp teilte. Eric Groeleken ging zur SG Wattenscheid 09 und teilte sein Zimmer im portugiesischen Trainingslager mit Andi Sassen, der urplötzlich gemeinsam mit einer Prostituierten spurlos verschwand und erst rund 14 Tage später wieder auftauchte. Ansgar kehrte Mitte der Neunziger noch einmal kurz nach Münster zurück, dann zog er weiter, immer weiter. Als Spieler des BV Cloppenburg in der niedersächsischen Provinz verlor ich ihn kurzzeitig aus den Augen. Sein Sprung von dort hin zur Frankfurter Eintracht zählt für mich zu einem der kuriosesten Wechsel im deutschen Fußball überhaupt. Eingefädelt hatte dies der während seiner Zeit beim SV Meppen als Emsland-Napoleon bekannt gewordene Trainer Horst Ehrmanntraut, dessen esoterische Marotten später für mehr Gesprächsstoff sorgten als seine Trainer-Darbietungen bei der Frankfurter Eintracht. Der Sportsender DSF zeigte eine ganze Reihe von Jahren jeweils an Montagen Spiele der zweiten Liga in voller Länge. So verhasst diese Montagsspiele bei den Fans der entsprechenden Vereine auch schon immer gewesen sein mögen – mir als Wochenendarbeiter gaben sie die Möglichkeit, meine ganz persönliche Unterversorgung in Sachen Fußball zumindest ansatzweise ausgleichen zu können. Ich sah also Spiele der bei Preußen-Fans üblicherweise verhassten Bielefelder Arminia, Spiele der von vielen mit großer Verachtung bedachten LR-Ahlen-Truppe des Selfmade-Millionärs Helmut Spikker und auch solche des urplötzlich zu Geld gekommenen Teams von Tennis Borussia Berlin. Der Verein profitierte eine kurze Zeit lang vom zwielichtigen Geschäftsgebaren der sogenannten Göttinger Gruppe und kaufte sich für den anvisierten Aufstieg in die Bundesliga eine nur auf dem Papier aufstiegsfähig scheinende Truppe um den krachend scheiternden Trainer Winfried Schäfer zusammen – inklusive Ansgar Brinkmann. All diese Mannschaften ließen mich weitgehend kalt – ich wollte im Grunde nur Ansgar sehen. In dieser Form ist mir das im damaligen Zeitraum mit eigentlich nur einem weiteren Fußballspieler so passiert: Jan Simak.

Meine Preußen aus Münster überstanden derweil die ein oder andere Ligareform, retteten sich hin und wieder erst am letzten Spieltag vor dem Absturz in die Viertklassigkeit und verzeichneten durch solch nervenaufreibende Endspiele immerhin dann und wann eine fünfstellige Besucherzahl. Durchschlagend trostlos wurde es freilich in der Spielzeit 2005/06, die sich unter dem neuen Trainer Colin Bell zunächst ein paar Wochen lang verheißungsvoll anließ. Dann jedoch reihte sich eine Pleite an die nächste, die Mannschaft wurde komplett nach unten durchgereicht. Im Winter kam folgerichtig ein neuer Trainer, der in Wahrheit ein alter war. Der Ex-Profi Hans-Werner Moors nämlich hatte die Preußen in der Vergangenheit bereits mehrfach betreut. Münster öffnete darüber hinaus die Schatulle für weitere Spieler – diesmal ging es wirklich ums Ganze. Es kam der US-Amerikaner Grover Gibson, der Vollblutstürmer Sercan Güvenisik und – Ansgar Brinkmann. Insgesamt 14 Anhänger des Vereins wollten zusätzlich ein Zeichen setzen und unterschrieben kurz nach diesen Transfers ihre Aufnahmeanträge zur Mitgliedschaft, darunter übrigens auch der Verfasser dieser Zeilen. Die Aufholjagd in der Rückrunde ließ sich zunächst gut an – dann jedoch setzten einige Verletzungen eine Reihe von Spielern außer Gefecht. Ausgerechnet in dieser Zeit kam es zu einer Art von vorentscheidendem Nichtabstiegsendspiel gegen die Amateure von Werder Bremen. Ich lebte inzwischen in Solingen und war mir schon während der 120 Kilometer langen Fahrt nach Münster nicht sicher, ob sich ein Besuch dieses Spiels für einen Mann in meinem Alter überhaupt noch ziemt. Etwa 2.500 Zuschauer mögen es am Ende gewesen sein, die sich an diesem tristen Samstagnachmittag an der Hammer Straße einfanden. Von den Routiniers innerhalb der Mannschaft konnte lediglich Ansgar spielen. Er mühte sich, doch keine seiner Aktionen konnte den Bremer Abwehrverbund nachhaltig in Verlegenheit stürzen. Die bittere Wahrheit an diesem Nachmittag lautete: Auch ein Ansgar Brinkmann beließ es gelegentlich bei Alibi-Querpässen über eine Distanz von sechs bis acht Metern. Im Stadion herrschte eisiges Schweigen, keine Pfiffe, nichts an sonstigen Unmutsäußerungen. Auch dann nicht, als die Bremer Youngster das einzige Tor des Spiels erzielten. „Wir steigen ab“, murmelte ich einem guten Bekannten zu, als der Schiedsrichter die Partie endlich beendete. Ich schlich zum Wagen zurück und legte die Rückfahrt ganz ohne Radio zurück, ohne auch noch so leisen Fluch. Starrte nach vorne ins Nichts, holte mir im Rasthof Haltern einen Kaffee, drehte eine Zigarette und nahm mir vor, künftig mit niemandem über dieses Spiel auch nur eine Sekunde lang zu sprechen. Es ging mir nicht gut, ich fühlte mich hundeelend und war überzeugt davon, alles im Leben bisher von vorne bis hinten grundfalsch angestellt zu haben. Am Ende der Saison stieg Preußen Münster in die vierte Liga ab.

Der Fußballspieler Ansgar Brinkmann tat etwas ganz Erstaunliches. Er verkündete, den Verein in die Viertklassigkeit begleiten zu wollen. Donnerwetter, damit hatte ich nicht gerechnet. Ein neuer Trainer kam, als Ziel der neuen Saison wurde der sofortige Wiederaufstieg ins Visier genommen. Kopf der Mannschaft sollte niemand anderes sein als Ansgar Brinkmann. Das konnte natürlich nicht gutgehen. Ansgar war nun einmal kein Kopf. Er war ein Künstler, er war eine Waffe, an guten Tagen eine unschlagbar gute Waffe, aber eben kein Kopf. Das erste Spiel der neuen Saison führte die Preußen nach Hamm zur Hammer Spielvereinigung. Unweit der dortigen Platzanlage war ich groß geworden, hatte als Jugendlicher gegen einen der Kaczor-Brüder gespielt, gegen Werner Externbrink, der später zu Bayern München wechselte, ohne dort jemals auch nur ein Spiel zu machen. Ich hatte mir Autogramme besorgt von Richard Sarnat, dem ehemaligen polnischen Nationalspieler, Ende der 1960er Jahre dann in Diensten der HSV aus dem Hammer Osten; von Waldemar Slomiany, der sich nach dem Bundesligaskandal 1971 hier ins beschauliche Hamm ebenfalls zur HSV geflüchtet hatte. Jede Menge Erinnerungen also, aber die an das Spiel gegen Werder Bremen II wog schwerer. Ich blieb verzagt zu Hause und bekam meine Infos über das zähe 0:0 in diesem Auftaktspiel nur aus zweiter Hand. Es ging zäh weiter während der nächsten Spieltage. Als endlich mit einem 4:0 bei der SpVg Erkenschwick der Knoten geplatzt zu sein schien, lief Münster der Musik bereits ein gutes Stück hinterher. Ansgar beendete während der laufenden Spielzeit seine Karriere, die in meiner fußballromantischen Welt einen Stellenwert einnimmt, die dieser Text nur bruchstückhaft beschreiben kann, so sehr ich mich auch mühe.

Der Fußballer Ansgar Brinkmann – er hat es nicht ganz bis Bernabéu geschafft. Er musste nie neben dem verkniffenen Jogi Löw stehen und gestanzte Danksagungen für einen Platz im Kader der Auserwählten von sich geben. Woche für Woche mit dem feuchten Lappen Dutzende von Pokalen und Meisterschalen entstauben, auch das ist ihm erspart geblieben. Und Ansgar muss bis heute auch nicht ständig mit Dutzenden von Anwälten über Geldkonten reden, die randvoll sind mit Millionen von Euro. Seine Eskapaden abseits des Platzes haben bei uns am Küchentisch teilweise zu brüllendem Gelächter geführt. Wirklich zu

Schaden gekommen ist dabei meines Wissens niemand, abgesehen vielleicht von der Sache mit dem afghanischen Wachmann nachts auf einer Eisbahn in Gütersloh. Seinen damaligen Begleiter Dirk van der Ven, kurz Vanni genannt, habe ich viele Jahre später noch einmal im Stadion am Hermann-Löns-Weg in Solingen gesehen, Heimstatt der Union. Die kickt nach unzähligen Insolvenzen inzwischen in der Kreisliga. Das ehemalige Stadiongelände hat die klamme Stadt Solingen inzwischen als Bauland verkauft. Ansgar sehe ich gelegentlich auf den Fluren des Kölner Jugendsenders 1LIVE. Er hat auf klare Fragen klare Antworten, er kann einem in die Augen schauen, außerdem ist er ein guter Zuhörer. Dazu hat er mit seinem Spiel viele Jahre lang unsere Herzen erreicht. Ich finde, er hat es richtig gut gemacht.

*Klaus Fiehe (*24. Januar 1957 in Hamm) ist Musiker, DJ, Hörfunkmoderator und glühender Fan von Preußen Münster. Fiehe machte sich als Saxophonist bei „Geier Sturzflug" und „The Bollock Brothers" einen Namen. Seine Radiosendungen auf 1Live genießen seit über 20 Jahren Kultstatus. Fiehe moderiert frei Schnauze und bestimmt den Sound seiner Sendungen selbst.*

Peter Schultz & Ansgar Brinkmann bedanken sich bei:

Ben Redelings, Micky Beisenherz, Oli Hilbring, Casper, Campino, Jan Åge Fjørtoft, Klaus Fiehe, Alexander Schur, Philipp Köster, Benno Möhlmann, Natascha Ochsenknecht, Dirk „Vanni" van der Ven, Thorsten Legat.
Jochen Rausch, Uli Krapp und allen bei 1Live.
Oliver Hugo (Danke für die großartigen Fotos!), Matthias Ehring, Inga Kusiek, André Riverein,
Der Technik-Crew des WDR-Studios Bielefeld: Dirk Arnicke, Martin Lappe, Sven Christian Lay, Anne Villinger, Klaus Seiche. Ohne euch wären wir aufgeschmissen.
Simon Kraßort, Dr. Christoph Schottes und allen beim Verlag Die Werkstatt.

Peter Schultz bedankt sich bei:

Danke, Ansgar! Wer hätte gedacht, dass wir es so lange im Team miteinander aushalten? Länger als bei jedem deiner Clubs. Danke, mein Freund!

Ansgar Brinkmann bedankt sich bei:

Peter Schultz … ist der Stratege der Bücher. Ohne dein journalistisches Denken würde es den weißen Brasilianer weder im Radio noch in Buchform geben. Dankeeeee Peter!
Davon mal abgesehen ist Peter ein sehr angenehmer Mensch mit großem Herzen. Manchmal kommt er aber auch, was mich anbetrifft, an seine emotionalen Grenzen. Am Ende des Tages kommen wir immer auf einen Nenner. Wenn Peter und ich die Kräfte bündeln, sind wir ein Top-Team und haben sehr viel Fun bei der Arbeit.
Lieber Peter, danke für deine Energie und die Nerven, die du aufbringst, damit viele Menschen Freude an diesem Buch und den folgenden Lesungen haben.

Register

ANSGAR
Wenn ich du wäre, wäre ich lieber ich
BRINKMANN
Peter Schultz
Das Beste aus „Der weiße Brasilianer"
VERLAG DIE WERKSTATT